HISTOIRE, DES AMOVRS FAINTES ET DISSIMVLEES DE LAIS & LAMIA, recitees par elles-mesmes.

Mise en forme de Dialogue par P. ARETIN

Où sont descouuertes les falaces & communes tromperies dont vsent les mieux affectees Courtisanes de ce temps à l'endroit de leurs amis.

Traduite de l'Italien en François & augmentee de la vielle Courtisane de I. du Bellay.

A PARIS,
Pour ANTHOINE du BRVEIL, demeurant au marché neuf pres la Boucherie.

M. D. XCV.

ADVERTISSEMENT DE L'IMPRIMEVR.

SI D'AVENTVRE quelqu'vn plus curieux qu'il ne conuient & peu courtois, vient accuser le traducteur de ceste histoire, disant qu'il ne l'auroit translatee, ainsi que l'original Italien se voit, taisant quelques legers traits par endroits, & quelquesfois lignes entieres & sentẽces: autresfois les suiuant à la trace, combien que ce ne soit de si pres qu'il ne s'y trouue de la difference. Ie luy responds qu'en plusieurs lieux de ce dialogue, ay rencontré beaucoup de termes qui ſe ſouffrent au lieu où a eſté premieremēt imprimé en lāgue Italiēne, à cauſe de la liberté qu'vn chacun s'y donne, ſoit en parler, ou bien à eſcrire : ce que pour l'hōneſteté que nous gardons, & la diſcretion dont auons touſiours vſé n'auōs voulu permettre autremēt l'expoſer, contens d'iceux mots chāger en autres plus modeſtes, obſeruant neantmoins que le ſens de l'auteur ayt eſté preſque & entierement gardé, excepté en aucuns lieux, qu'il a totallement conuenu laiſſer, pour les auoir gouſté plus ſcandaleux que fructueux à toutes gens bien naiz : auſquels deſirons par louables merites gratiffier.

ARGVMENT DV DIALOGVE TRAICTANT la vie des Courtisanes.

LAIS & LAMIA grandes amies en leur ieunesse, pour estre toutes deux natifues de la ville de Bologne la grasse, où elles auoient aussi esté nourries & fait leur residence iusques au temps que le camp de l'Empereur Charles le Quint s'y vint rẽdre, pour l'esperance qu'on auoit qu'il y deuoit estre couronné, se sceurent si bien entretenir que LAIS eut cest heur qu'vn Port'enseigne Allemant, logé en la maison de sa mere s'amouracha d'elle, & la tint pour amie pour le temps que la Maiesté Imperialle feit seiour en la ville. De là aduint que quand la Court se voulut partir, elle resolut de le suiure en Hongrie, où l'armee de l'Empereur tiroit, afin de resister au Turc qui descendoit à grand puissance sur la ville de Vienne en Autriche: mais comme elle fust lasse de cest Allemant, se ioignit à vn Capitaine Italien, qui la pourmena à Anco-

ne, à Coron & en autres diuerſes places, ſi qu'ennuyee de ſuiure la guerre voulut repoſer à Rome auec ſa mere, qui point ne l'abandonna en toutes ſes aduentures: Vray eſt qu'ayant demouré quatre annees en ce repos, ſourdit en la maiſon quelque querelle entre certains perſonnages Romains, dont elle fut chargee, à l'occaſion dequoy elle partit de Rome & s'en vint en Lombardie, où elle paſſa bonne partie de ſa vie. Cependant Lamia qui auoit voyagé en autres & ſemblables pelerinages, & laquelle auſsi bien que Lais ſe monſtroit fort aagee paſſant par la marque d'Anconne, ſe vindrent à recognoiſtre, ſi qu'apres s'eſtre par pluſieurs fois embraſſees, ſe meirent à repos: pour ce que Lamia eſtoit fort debile, cõme celle qui nagueres eſtoit ſortie du pays de Surie, où elle auoit beu maints traits d'eauë diſtillee de ce ſain Gaiac. En ce lieu cõmencerẽt à compter de leurs aduentures tant bonnes que mauuaiſes: mais Lais auoit plus voyagé par l'vniuers, auſsi feit elle plus long recit de ſa vie à Lamia, qui finalement laſſee d'eſcouter, print congé & deſlors finirent leurs propos.

HISTOIRE DES AMOVRS FAINTES ET dissimulees de LAIS & LAMIA, recitees par elles-mesmes,

Mise en forme de Dialogue par P. A.

LAMIA.

IE te prie conte moy LAIS comme tu arriuas à Rome auec ta mere? LAIS. A bonne heure en soit le commencement. Nous arriuasmes la veille sainct Pierre: & qui te pourroit dire le grãd plaisir que nous eusmes de voir les esclairs, tant de flambeaux de fusees & boute-feux qu'on lançoit du chasteau sainct Ange, accompagnez de si grand bruit d'artillerie, & tãt de musique, de menestriers, de phiffres que merueilles! On voyoit quasi toute Rome assemblee sur le pont, au bourg & en la rüe des Bancs. LAMIA. Où fus tu loger ceste nuit? LAIS. A la tour de None qui est vn quartier de la ville ainsi appellé, en vne hostellerie où nous fut baillé vne chambre toute tappissee & bien en ordre, en laquelle nous demeurasmes par l'espace de huit iours. La Dame du logis durant ce tẽps estoit esmerueillee de voir en moy tãt de beauté: tellement que de iour en iour luy semblãt plus gratieuse, elle parla de moy à vn Courtisan son amy, luy faisant entendre qu'elle auoit en sa maison vne hostesse belle par excellence. Ce Courtisan feit part de ceste nouuelle à autres siens amis, qui tous ensemble passoient & repassoient, à cheual cent fois le iour deuant iceluy logis, tenans leurs propos de moy, ennuyez que ne me laissoye voir à leur poste, me tenant coye dans vne ialousie. Ayant tousiours la face gaillarde & riante. leur faisant par mes communs attraits vn extreme desir de me cognoistre. Et combien que ie fusse belle, si est-ce que ie me tenois reserree à merueilles (sans me monstrer) cela faisoit que sembloye beaucoup plus exquise en beauté: au moyen dequoy s'augmenta de plus en plus en ces gentils-hommes Romains l'affection de me voir, tellement que par toute la ville de Rome on ne parloit que d'vne estrangere nouuellement venuë: attendu (comme tu sçais) que choses nouuelles sont tousiours plus desirees. Ainsi venoiẽt & chargeoient l'vn sur l'autre si à menu, que la bõne matrone qui nous logeoit, ne pouuoit fournir à respõdre à ceux qui me venoient demander. Le plus souuent elle les laissoit dire, & quãt à ce qu'ils luy promettoiẽt pour leur ouurir la porte, ne s'en soucioit autrement, disant que me mettre en leur main, n'estoir chose dequoy elle peust permettre: Ma mere d'autre part qui estoit bien aduisee & des plus fines en telles affaires, monstroit semblant ne vouloir prester l'oreille à aucun de ses poursuiuans, ains d'vne mine asseuree proferoit ces parolles: Vrayement c'eſt biẽ rencontré, ie me repais bien de tels propos! Ia à Dieu ne plaiſe que ma fille perde la courõne de virginité: ie ſuis yſſuë de noble lignage, & ſi la fortune nous a eſté contraire (graces à Dieu) elle ne nous a point ſi fort abbatues que ne puiſſions viure & eſchapper le mauuais temps. Par ces parolles s'accroiſſoiẽt de iour à aurre le nom de ma beauté. Si onc tu vis vn paſſereau aſſis ſur vne grenade entamee, pour en manger neuf ou dix grains, puis (prins ſon vol) y retourner auec quatre autres, ores auec dix: De ceſte meſme maniere ſe preſentoyent ces gallands à l'entour de mon logis, conuoyteux becqueter ma pomade: qui faiſoit que ne me pouuois ſaouler de voir tant de gentillesse. Aussi i'auoi continuellemẽt les yeux au guet hors de ceste Ialousie, prenant vn singulier plaisir les veoir bragards, si polis si frisques & mignõs auec leurs sayons de satin, ou velours que ne mente, tã de medalles & cloux d'or à leurs bonnets, chaines d'or entour du col: autres montez sur cheuaux si polis & reluisans qu'ils sembloiẽt miroirs. Ainsi marchoient le petit pas suiuis de bon nombre de seruiteurs & pages, tenans le cerueau à la pointe du pied, & leurs Petrarques és mains, degoisans maintes chansons de ce Poëte, en voix de faucet. LAMIA. Et ceste chãson (s'il t'en souuiẽt) que vouloit elle dire? LAIS.

Pour le mal qu'en aymant ie souffre
Ie ne quiers traitement meilleur,

Que voir vn iour mon triste cœur
Captif de celle à qui ie l'offre.

Ainsi que les vns & les autres s'arrestoiẽt deuant ma fenestre, faisois semblant de toussir, afin qu'ils m'entendissent, & deslors me disoient : Madamoyselle est-il possible que vostre grace ce mõstre tant homicide, qu'elle laisse mourir en ces alteres si bon nõbre de ses seruiteurs? A ces propos haussoye vn peu le visage & d'vn sous-ris à demy bouche me retirois tout à coup : occasion qu'ils me disoiẽt. Ie baise la main à vostre Seigneurie. Puis auec vn *Par Dieu vous estes cruelle!* se partoient de moy en ceste sorte. LAMIA. Vrayement i'entens ce iourd'huy la chose plus à mon goust qu'onques ay ouy. LAIS. En ces entrefaites ma mere qui n'estoit niaise trouua bõ me faire faire monstre. A ces fins me feit vestir d'vne robbe de satin violet, sans manche, dechiquetee d'vne infinité de decouppures, puis cueillit & entortilla mignonnement mes cheueux, à l'entour de ma teste, tellement que si les eusses veuz, tu eusses aisément iuré qu'ils n'estoient miens naturels, ains plustost de fil d'or crespu. LAMIA. Pourquoy estoit ceste robbe sans manches? LAIS. Pour mieux mettre les bras en veuë: mes bras dis-je qui estoient plus blancs que neige. Puis me feit lauer le visage d'vne eau quelque peu forte, qu'elle cognoissoit, laquelle me feit deuenir aussi luisante qu'vn miroir sans qu'elle y appliquast autre fard ny vilennie dont maintes autres vient.

Cõme ces Auerlans estoient au plus fort de leurs promenades, me mis à la fenestre, & m'ayans apperceuë hors le seiour ordinaire, penserent que l'estoille leur estoit apparuë, ainsi qu'aux trois Roys : ainsi saisis de grand'liesse & plus grand aise, qu'ils sentoiẽt en eux-mesmes, se laissoiẽt presque tomber sur les cols de leurs cheuaux. Non sans qu'ils trauaillassent en ce, autant & plus pour me contempler, que ne mettois de peine à me receler : voire estoiẽt si passionnez qu'incessamment leuoient les testes en haut, & les bouches bees sembloiẽt ces animaux qu'on ameine d'Alexandrie. L a m i a. Tu veux dire ces Cameleons? L a i s. Il est vray, & d'auantage te veux aduertir qu'ils m'engrossoyent auec les yeux. LAMIA. Que faisois-tu entre tant qu'ils te regardoient? LAIS. Ie contrefaisois vne honneste religieuse, maintenant vne asseurãce de femme mariee: voire à telles fois vsoye de façon de faire & signes si estranges, que ie les tenois enchantez, sans qu'ils peussent eux bouger de ce lieu. LAMIA. Gente maniere en bonne foy! LAIS. I'estois vn tiers de heure à me monstrer: mais cõme ils estoient au plus fort de leurs pratiques, ma mere venoit à la fenestre, qui me commandoit me retirer: Ainsi demeuroient si confus, qu'ils ne sçauoient sus quel pied danser, ne ce qu'ils deuoient dire les vns aux autres. La nuict venue, chacun d'eux prenoit hardiesse heurter à la porte de nostre hostesse, qui se mettoit

à la

à la fenestre pour leur respõdre: ce que cognoissant ma mere, la suiuoit à petits pas, afin d'entendre ce qu'ils disoient. Comme l'hostesse estoit en ces alteres, ma mere entre-ouyt vn de ces transis (ayant le visage couuert) lequel luy demanda: Qui est ceste Damoyselle, estant naguere à la fenestre? Elle est fille dit-elle d'vne Dame estrangere, de laquelle à ce que puis comprendre, le mary a esté occis par ses aduersaires: qui ainsi desolee s'est renduë en ce lieu, où elle a amené ceste ieune Damoyselle qu'elle y entend marier, & par iustice obtenir raison de ceux qui ont occis son mary. Aussi y a fait conduire ses meubles, qui toutesfois ne sont de grand valeur. Ces bourdes & autres sçauoit tresbien ma mere faire sonner aux oreill[illegible] de nostre hostesse. LAMIA. Ain si soit le tout. LAIS. Commen disoit ce Galãd, comment pou rois-ie parler à ceste Dame? Il n' a point de moyen, respond l'ho stesse, pource qu'elle ne veut e[illegible] couter homme viuant. Desloi luy demãdant si i'estois pucell[illegible] Elle luy respond que sans dout i'estois telle, puis qu'on ne m voit faire autre chose tout le iou que marmõner entre mes dent maints *Aue Maria*. Ores qu'il v fast de supplicatiõs & prieres tẽ dant à ce qu'elle le laissast entre au lieu où i'estois, ne luy voulu autremẽt permettre. Au moye dequoy, il luy dit pour second fois : Ie vous requiers donc qu me faites tant de graces luy dir qu'elle reçoiue pour seruice m'[illegible] couter cēt & cinquante paroles, auec promeſſes que mettrez entre mains de ces Dames : choſes pour leſquelles vous beniront à touſiourſmais. Ainſi le promit faire, ſi qu'ayant prins congé de luy, ferma la feneſtre, & de ce paſſe rēdit vers nous, diſant en ceſte ſorte, il n'y a perſonne qui mieux ſache où eſt le bon vin que les bons gourmets. Puis s'adreſſant à ma mere, diſoit : Ces limiers Courtiſans, Madame, ont eu le vent de voſtre fille, & l'ont ſuiuie au trac, voire determiné l'auoir entre mains, deuſſiez vous mōter au ciel auec elle. Ie dis cecy, à cauſe d'vn d'entre-eux qui en perſonne m'eſt venu demander audience pour parler à vous. Non, non, reſpond ma mere, ie ne les crains, & m'en aſſeure,

Comme ceste hosteſſe auoit vne langue ſerpentine, auſſi ſceut elle tresbien luy repliquer, vſant de ceste comparaiſon, dit, Que le ſigne principal d'vne prudente Dame, eſt ſçauoir vſer de la bõne fortune, lors que Dieu la luy enuoye. C'eſt vn hõme dit-elle, qui vous fera d'or & d'azur: pourtant pẽſez y bien. Et retournant ceſt amoureux tranſi à nous dõner encores vne venuë, elle feit tant enuers luy qu'il commanda appareiller vn ſouppé magnifique & plantureux: mais comme ma mere eut apperçeu ces preparatifs, entra en conſeil auec moy; ores qu'elle fuſt ſi bõne maiſtreſſe & tant aduiſee pour ſon profit faire, qu'elle n'auoit beſoin médier l'aduis de ſes voiſins. Finalement le gentil-homme feit tant enuers elle qu'il captiua (celuy sembloit) ſa volonté, & promeſſe qu'elle feroit en ſorte que l'eſcouteroye : Dequoy ioyeux au poſſible (comme cil qui penſoit tenir Dieu par les pieds) s'en vint vne nuict cuidant dormir auec moy. Pour à quoy paruenir me feit mille ſermens qu'il me rembourſeroit de mon pucellage, & me donneroit monts & merueilles. LAMIA. Ie reçois vn ſingulier plaiſir à t'eſcouter. LAIS. Pour cueillir quelque choſe de la deſpence qu'il auoit faite, & beaucoup plus de ce qu'il pretendoit, ſe monſtra enuiron le ſoir bien deliberé: & eſtant finy le ſoupper (où nous fuſmes ſeruis à ſouhait) & de pluſieurs mets, dont toutesfois il ne mangea que deux bouchees & à bouche cloſe, & beut ſeulement demy verre de vin meſlé de trois pars d'eau: Se meit à me dreſſer mille careſſes , tant en geſtes que gracieux propos, ſans que ie luy reſpondiſſe aucune choſe. Ainſi ie fus menee en la chambre de la Dame du logis, laquelle ceſte nuict feit ce ſeruice au gentil-homme, pour l'ame d'vn gentil ducat. Il ne fut pluſtoſt entré dedãs, qu'il ferma l'huis apres ſoy, ſans permettre qu'aucũ de ſes ſeruiteurs l'aidaſt à deſuetir, & en vn moment fut du tout deſpouillé & rendu au lict : Et deſlors il cõmença à s'apriuoiſer, & ſe rendant familier de moy , vſa de parolles ſi amoureuſes, entremeſlees par fois de quelques braueries, qu'au moyẽ d'icelles il s'attendoit me faire croire qu'il feroit tant pour moy,

& tant me donneroit, que n'aurois occaſion porter enuie à la principale & plus riche Courtiſanne de Rome. Cela ne peut neantmoins tãt gaigner ſur moy que ie me rendiſſe au lict aupres de luy : dequoy fort ennuyé, ſe meit en pied & en deuoir m'y attirer. A quoy fis telle reſiſtance que contrainct fut retourner au lict : où eſtendu, tourne la teſte contre la paroy, tandis que me deſuetois, cõme s'il euſt eu honte de me voir en chemiſe : Puis dit ne faites point cela, Madame, ne le faites point. Ainſi s'approcha de la chandelle, qu'il eſtaignit. Entree que fus au lict, ſe print à m'embraſſer & careſſer de meſme volõté qu'vne mere embraſſeroit ſon fils : ſon fils dis-je qu'elle auroit ia pleuré pour mort. Tellement que s'approchant de moy me serroit estroitement entre ses bras : non que pour ceste fois luy permisse. Hé Dieu, ma vie ! disoit-il, mon esperance, tenez vous quoye : si ie vous fasche, tuez moy. Bref entre prieres & flateries s'efforçoit à toute heure me donner à la desrobbee quelques faulses atteintes. Comme il estoit en si grande agonie, & voyoit qu'il se trauailloit pour neant, sembloit entrer en desepoir: qui fut occasion que les prieres se tournerent en menaces, tellement que blasphemant, il maugreoit: ores promettoit & se recommandoit, puis detestãt faisoit grands sermẽs qu'il m'estrangleroit, ou me donneroit cẽt coups de poignard. Ainsi me fait douter, faisant semblãt

d'executer

d'executer ce qu'il diſoit : parce qu'approchãt ſa main pres de ma gorge, il me chatouilloit doucemẽt. De rechef ſe print à me requerir, amadouer & embraſſer, ſans qu'il y peuſt rien profiter. Et remettãt ſa chemiſe, ſe veſtit & leua, mais de ce faignãt eſtre ennuyee, le priay qu'il retournaſt au lict, & que i'accomplirois ce qu'il luy plairoit. Finalement il s'en reuint coucher, & retourné qu'il fut, il me ſupplia que le laiſſaſt faire, & que la piqueure d'vne mouche en ceſt endroit m'apporteroit plus grand mal qu'il ne me feroit. A dire vray & ſans en rien mentir ne voulus oncques conſentir qu'il me touchaſt à bon eſcient, ou de plus pres. Dequoy indigné au poſſible, ſe leua plein de courroux, reprint ſes veſtemens, & soy pourmenant par la chambre, passa le reste de la nuict en guise de ceux qui font le guet en quelque forteresse : Si qu'auec son minois triste & blesmy, sembloit parfaictement le berlādier, qui ayant perdu son argent & le dormir, est tousiours grondant & detestant, à l'imitation de ceuxqui se voyent mocquez par vne dame. Ainsi ouurit la fenestre de la chambre, & iettant mille soupirs, tenoit la teste en la paume de sa main, faisant mines de contēpler la riuiere du Tybre, qui sembloit se rire de la trousse qu'on luy faisoit : & pendant qu'ainsi il songeoit creux & fantastiquoit, se rōpant le cerueau, iedormybie n à mon aise. Le iour venu, & que ie fus esueillee, i'apperceu qu'il venoit vers moy les bras tẽdus, me presentãt mille accollades, & te dy que ie ne vey oncques Nigromancien ou coniurateur de diables marmõner tãt *d'Agios*, *Athanatos*, comme il en profera: mais en vain, puis que telle est l'esperance de ceux qui sont és enfers. Comme il vouloit reduire tout son cas à ce poinct, que seulemẽt luy feisse grace d'vn baiser, luy deniay, non que pour cela il vousit s'arrester, iusques à ce que i'entendis ma mere marchant par la maison auec l'hostesse, laquelle i'appellay: & luy aiant ouuert la chambre, entra dedans, & dit en ceste sorte: Quelles bourrelleries sont ce-cy? Quels efforcemens & violences, on n'en feroit point de telles au boys de Senar. Ainsi prononçoit ces parolles d'vne trongne furieuse & à haute voix: Ce que voyant l'hosteſſe (bonne mediatrice en tous affaires) l'adouciſſoit au mieux qu'elle pouuoit, & dit ſourdement en l'oreille de ce Iobe : Le diable vous a bien mis en teſte vous prẽdre à vne pucelle ! Le pauuret entré en l'obſtination de ceux qui ſe veulẽt r'acquiter de ce qu'ils ont perdu au ieu (la teſte pleine de tintouins) ſortit de la maiſon. Vne heure apres il enuoya vn couſturier chargé d'vne piece de ſatin cramoiſi moree , afin qu'il prinſt ſur moy la meſure d'vne baſquine qu'il me vouloit donner : ſe faiſant croire que la nuict enſuyuant ſon courtaut courroit au pré la lice à toute bride. Moy (cõmençant à cognoiſtre beaucoup) acceptant ſon ſeruice, m'en allay vers ma mere, afin d'entendre ce qu'il luy en sembloit. Elle me respondit qu'en apparence il estoit ja volant & courant: Ie ne sçay dit elle, chose qui ne soit pour luy; il nous louëra maison à ses propres despens, & là nous fournira de toutes choses necessaires. Et moy (qui sans conseil n'estois qu'assez instruite de ce que i'auois à faire) m'en allay vn tour à la fenestre, & voyant ce Iobelin venir, ie me mis à descendre, & luy dis auec ces parolles emmielees: Dieu sçait, mon Gentil homme, quelle douleur i'ay receue en mon ame voyant partir vostre Seigneurie sans que du moins vous eusse peu dire demourez auecques Dieu, vray est que maintenant pour vostre arriuee ie me sens du tout deliuree de telle fascherie, determinee faire ceste nuict tout ce que me commanderez, ores que ce fust au hazard de ma vie. Prenant pied à ces parolles, ioinct à moy pour m'ambrasser à bouche ouuerte, & sur ce poinct luy dis qu'il enuoyast aux viures, & feit appareiller biē à soupper: chose qu'il eust pour aggreable, & en si grand soing que s'il eust eu l'horloge en sa māche. Le soir venu il se monstra si eschauffé, qu'il sēbloit y auoir dix ans qu'il attendoit ceste heure. La table leuee, & que tous eurent prins leur refection, il me mena en la chambre où nous estions la nuict precedente, & me trouua vn peu plus amoureuse qu'auparauant. Vray est que discouru en son esprit le peu de fruict qu'il tiroit de ſon trauail, il ne ſe peut contenir me dõner trois ou quatre coups de poing : Ce que i'enduray patiemment & luy dy frappez moy hardiment ſi bon vous ſemble, par la mercy ſainct Iean il vous couſtera bon & cherement. Et deſ-enfumé qu'il fut, ſe voulut de rechef mettre en deuoir de piller le veriuſt, mais en vain: car il fut contraint reprendre les acclamations & façons de faire de la nuict precedente : voire ſe leuant ſur pieds de fois à autre, ſe rendit en la chambre où ma mere eſtoit couchee auec la Dame de la maiſon, & en leur compagnie il demeura plus de quatre heures, ſe conſeillant de ſon affaire, vsãt de menaces en mõ endroit. Ce qu'entẽdant ma mere, luy dit: mon cher fils, ne vous eſbahissez si ceste ieune fille est vn peu farouche, vous estes le premier homme du monde à qui elle parla ònceques, non pas mesme au cõfesseur. Ne vous chaille, ie veux que ceste nuit prochaine elle accomplisse vostre volonté, deust-elle mourir en la peine. Comme il se vouloit vestir pour s'en aller, elle luy donna vne large esguillete de taffetas, & dit: Tenez mon fils, voila dequoy luy lier les mains, s'elle ne veut soy tenir coye. Ce pauure Benjus receut ce present, & fait mesmes despens tant pour le disner que pour le souper de ce iour, qu'il auoit fait au precedent: puis s'en vint coucher aupres de moy pour la troisiesme nuictee. Mais apperçeu qu'il eust que ne luy permettrois m'attoucher, entra en desespoir, si que le vey determiné me fraper de sa dague. Ie te confesse qu'euz peur, & fus contrainte luy obeir, paruint à la fin tãt desiree, sur ces entrefaites me prins à escrier, debatre & tourmenter, disant en ceste sorte : Ah triste infortunee que ie suis, ie suis perdue, or suis-ie à ce coup deshonoree! comme oseray-ie paroistre deuant les gens? Ainsi que ie faisois semblant d'estre en ces alteres, doleãces & clameurs, il estendit le bras & tira sa bource qu'il auoit mise soubs son oreiller en laquelle y auoit quarãte ducats d'or, & peu moins de vingt en mõnoye, qu'il me vuida entre les mains, & dit : prenez cela. Moy qui faisois signe n'ẽ vouloir point fus finalement contrainte les accepter. Comme nous estions en ces termes, & qu'il fut quelque peu apriuoisé, auant que le iour vint à esclerer, son roussin ayant couru quatre carrieres, se veit à moitié chemin de la vie. LAMIA. Ainsi le dit Petrarque. LAIS. Par ma foy c'est Dante qui l'afferme. Content de son emploite, il se leua du lit & se part pour disner en ville, me delaissant en cest estat, & iusques à l'heure de faire le semblable, qu'il enuoya la prouisiō de ma table. La nuit venuë il retourna souper chez nous, de ce qu'il luy auoyt cousté tant d'argent. LAMIA. Escoute vn peu, ne s'apperceut-il qu'a la prise de ton chateau, il n'eust esté forcé autre fois, & que tu n'estois vierge? LAIS. Vrayement c'est bien dit: Et pēse tu que ces courtisans chantēt plus des vierges que des Martyrs? La grande resistance que ie luy feis, & par tant de fois, le rendit persuadé qu'il n'en estoit autrement. Pour fin de compte, la quatriésme nuict le laissay faire tout ce qu'il voulut à son beau plaisir. Le lendemain matin ma mere ne feit faute se rendre en nostre chambre, où me voyant couchee à ses costez, me donna sa benediction, & à luy vne humble reuerence, pendant que luy faisois le plus de carresses qu'il m'estoit possible, & maintes accolades luy donnay en presence de ma mere: Dequoy esiouye & satisfaite au possible, se print à dire: Ie suis deliberee me partir de Rome dans deux iours, & n'y faire faute suiuãt les lettres qu'ay receuë de mõ pays, par lesquelles on me mande que vaise mourir entre les miens: Ie ne vueil donc y faire faute, puis que Rome est pour les bien-heureuses, & non pour celles que sont (comme ie suis) de tout bon heur destituees. Ie vo⁹ di pour verité (mõ fils) que ne partirois & n'ẽmenerois auec moy ceste ieune fille, si quelques possessions qui m'apartiennent se pouuoyent vendre sans moy, & que de l'argẽt qui en prouiendroit me fust loisible en ce lieu achepter pour le moins vne maison, afin d'obuier à si grand charge de loyers de logis, que ne puis supporter: Ioinct que si les heritages qu'ay au pays se vendent sans moy, suis toute seure qu'on ne m'en enuoyera les deniers, ains seray contraincte les aller toucher. Ie ne suis pas au monde nee pour demeurer en maison d'autruy, consideré que depuis que fus femme espousee, ay tousiours fait residence sur le mien. Pour luy interrompre ses propos commēçay à dire, Mere si d'auēture me voy separee de cestuy qui est mon cœur, soyez toute asseuree que ie ne viuray vn seul iour apres. Puis me ioignant au plus pres de luy, l'embrassay, iettant grosses & chaudes larmes de mes yeux. Ce que luy voyant, se leua sur le lict, en son seāt, & dist: En despit de qui & de quoy? ne suis ie homme pour vous faire auoir maison & la vous garnir & amenager de toutes extencilles? Et aussi tost, prenant ses habits, se leue & sort de la maison ayant vne clef en sa main, & enuirō quatre heures apres, ie l'aperceuz de retour, deux hommes apres luy chargez de coutils, couuertures de licts, d'oreillers, comme aussi deux autres qui conduisoyent chacun vn mulet, chargez de licts de camp, chaires, tables & fairrailles, & deux autres marchands suiuis de seruiteurs, auec des tapisseries, auant-portes, coessins, nappes, estain & autres choses pour l'ornement d'vne maison: Si qu'il sembloit propremẽt que tout vn voysinage se passast en vn autre quartier. Aussi mena il ma mere auec luy, pour luy mõstrer vne maisonnette (bien en ordre garnie de tout ce qui estoit besoing) sise sur le bord de la riuiere. De là s'en retourna au lieu de nostre premier seiour, & paya à l'hostesse ce qui estoit deu de loüage pour la chãbre, de laquelle il feit vuider ce qui y estoit, & emmener le peu que nous y auions attendant que la nuict venuë il m'emmeneroit auec soy. Ie veux bien que tu sçaches qu'il despendoit pour vn homme de sa sorte aussi largement qu'il est possible, & qu'ores qu'en ce nouueau logis ie ne fusse veuë à la fenestre, comme auparauant, si est-ce qu'on sçauoit assez le lieu de ma demeure, si bien que dés-lors tu eusses veu mes solliciteurs & poursuiuans en general, faire la sentinelle deuant ma porte: & aduint qu'ayāt accepté des yeux, & par signes attrayans, vn qui monstroit semblant de mourir, pour l'amour de moy, il eut cest heur, par le moyen d'vne humble soliciteuse, de triompher de ma personne, pour l'opinion qui m'entretint qu'il estoit homme qui auoit dequoy à despendre.

Ainsi commençay peu à peu à tourner les tallõs à mon premier bienfaicteur, qui aiant despencé tout ce qu'il auoit, & prins à credit tout ce dõt il m'auoit fait present, le terme du payemẽt escheu n'eut dequoy satisfaire, au moyẽ dequoy, excommunié & voüé à mille diables, se veid affiché par les carrefours, ruës & portes des Eglises de Rome, ainsi que de ceste ville est la coustume: & moy qui estois de bonne race, si tu l'entens bien, ie luy feis long temps telles carasses, à ce qu'il persistat à me donner robbes, habits, ioyaux & richesses. Vray est que voiãt ma porte fermee à peu de fois qu'il failloit à cachettes, qu'il cõmença à regretter le bien qu'il m'auoit fait, ainsi deuenu melãcholique, sẽbloit vn fantosme me priué de tout bõ heur. Quãd i'euz eſpuiſé la bource du ſecond ie m'accointay d'vn troiſieſme, non que pour cela me retinſſe d'ouurir mon huis à quiconque me venoit preſenter les foy & hommage accompagnez de quelques preſans honorables. En fin ie m'en allay demourer en autre maiſon, peu plus conuenable pour ranger mon meſnage accreu, & ie n'euz pluſtoſt icelle meublee, que la nobleſſe de ce aduertie accourut de tous coſtez, & dois croire que i'emploiay la plus part de ce temps à eſtudier à deuenir experte en noſtre eſtat en vn liure iadis composé par l'ancienne & plus ruſee Courtiſane qui iamais fut en Rome, nõmee ANGELA TORRENTIA, de maniere que ie deuins en ceſt art autant & plus grande clergesse qu'autres qui vont à Boulõgne ou à Lutece, où sont, sept, huict & dix ans, perdant temps & argent, puis retournent aussi gros asnes en leurs maisons, comme quand ils en sortirent. En trois mois qu'amploiay en ceste estude, voire en moins de deux, deuins si bonne maistresse & aduisee en ce qui se doit, sçauoir, soit à desgouster & estrãger ceux qui ne m'estoient en grace, & m'acquerir amis: cognoistre à les emboucler & deceuoir (sçauoir que laissant l'vn, fauorisois l'autre) pleurer en riant, & rire en pleurant, que pendant ce temps ie vendis mille fois mon pucellage à diuers marchans. Ie te veux dire vne partie de mes trahisons, lesquelles à vray parler ne doiuent autrement eſtre nõmees pour eſtre de mõ inuention: ioinct que ſi tu es bõne Alquimiſte, m'entẽdras incontinent. LAMIA. Ie ne ſuis Alquimiſte ny le veux eſtre, neantmoins ie croiray ce que tu voudras, ſans qu'il ſoit beſoin que tu en iures. LAIS. I'auois entre autres vn amoureux qui me tenoit grãdement obligee, s'ainſi eſt que la Courtiſane ne ſe propoſe autre but & ne viſe à autre choſe qu'à ce que les Amans dõnent, ſans qu'il luy ſoit loiſible cognoiſtre ſi elle eſt obligee, ne quand l'obligation d'elle ceſſe, ioinct auſſi que mon amour eſt de telle qualité, comme dit le refrain, que: *Ce qu'ay au cœur me deult.* Auquel me mis à vſer de treſgrandes cruautez, me monſtrant en ſon endroit autant eſtrange & rebourſe qu'on euſt peu excogiter: & d'autant le traitois pirement , qu'il me donnoit de ſon bien , me le iettant à poignees, ne perdant ceſte occaſion , par chacun vendredy , me rendre ſur le ſoir en la maiſon pour coucher auec luy. Comme nous eſtions en table pour ſoupper , ie cerchois occaſion d'eſtriuer & crier apres luy. LAMIA. Pourquoy cela? LAIS. Afin que mal ou peu luy profitaſt le manger. LAMIA. Ieſus? quelle cruauté LAIS. Moitié eſtriuant & moitié deuiſant l'entretenois de propos , afin qu'il ne ſe couchaſt iuſques à deux heures apres minuit, & que ce qui reſtoit de la nuict fuſt employé à ruminer & maſcher ſon frein , auec tant de deffaueur qu'il deſpitoit ſa patience proferãt autres plus grands blaſphemes qu'auparauant. Puis ceſſant ces choſes, me prioit que luy mõſtraſt quelque ſigne d'amitié que luy refuſay: dequoy indigné, & qu'il eſtoit quaſi heure de ſe leuer, me retournois ſur le coſté, & m'approchãt auec deux chaudes larmes, luy baignoys le viſage, procurant qu'il ſe ſeruiſt de ceſte bonne commodité: Ainſi failloit qu'il me baillaſt l'or & l'argent qu'il auoit en ſa bource, & qui plus eſt, la moitié des habits qu'il portoit, auant que luy conſentiſſe faire ce qu'il deſiroit. Lamia. Tu eſtois donc vne Neronne? Lais. Enuers les eſtrangers ſeulemẽt, qui venoient à Rome pour y ſeionrner huit ou dix iours, i'v ſois de ces façons, que tu appelles le ſecret de mes arts. I'auois auſſi cognoiſſance auec ceux qui ſecõdent la iuſtice, ne les deſdaignant quelquesfois repaiſtre en ma boutique, ſans autre paye, & par là les obligeois (où ce leur ſembloit) à debatre & ſouſtenir mes querelles, faire des braues & ſpadacins pour mon ſeruice, comme tu orras. Ces eſtrangers dont ie te parle, venus en Rome, curieux de voir les antiquailles & ſimulachres qui leur eſtoient monſtrez, & par cõſequent leurs vœux & promeſſes accomplies, comme auſſi leurs affaires expediees, procuroiẽt viſiter les choſes modernes, & rencontrez par les rues de ces miens eſcuyers, apres auoir entendu qu'ils affectoiẽt voir quelque fille de ioye, à l'inſtant me les acheminoient,

&eſtois la premiere en la maiſon en laquelle ils entroient, & c'eſt à ſçauoir, que nul ne couchoit ou dormoit auecques moy, ſans payement, ou bien qu'il ne laiſ-ſaſt ſes habits. LAMIA. Comment ſe pouuoit faire cela? LAIS. Puis que tu le veux ſçauoir, ie le te diray. Le matin venu, ma ſeruante entroit pour prendre ſes accouſtremens, ſoubs couleur de les vouloir nettoyer, puis peu apres ſe prenoit à eſcrier, diſant qu'on luy auoit iceux enleuez. A cecy mõſieur & Sire des nopces, qui entendoit eſtre deſrobbé ſe leuoit tout nud comme le ver, & blaſphemant, diſoit qu'il me feroit prẽdre mes biẽs, & que de la valeur d'iceux il trouueroit moiẽ que ſes habits luy ſeroiẽt payez: Et moy en criant tres-affreuſement, me leuois du lict, & disois. Cõment, meschãt, vous me ferez prẽdre mes biẽs? Ne vous suffit-il m'auoir forcee en ma maison sans me dire estre larrõnesse? Ces clameurs entendues de ceux dõt cy dessus ay fait mention, qui s'estoient rendus à ma porte, entroiẽt les espees nuës aux poings, mõtans iusques en ma chambre, disans en ceste sorte: Qui a-il, dequoy auez vous besoin, Madame, y a-il quelqu'vn? Auec ces parolles ils assailloient ce pauure ver tout nud comme s'il fust sorty du ventre de sa mere, & sembloit à ses gestes & manieres de faire qu'il accomplist quelque vœu ou penitence, me requerãt pardõ: voire tenoit à grand' grace qu'ẽuoyasse appeller ses amis, & ceux de sa cogoissance, desquels

quels l'vn luy prestoit les chausses, l'autre la cappe, & cõsequemmant le bonnet, le sayon & la chemise, tellement que se partant de ma maison, il luy sembloit estre eschappé du pouuoir des infideles. LAMIA. Comme pouuois tu supporter en tõ cœur telle cruauté & misere? LAIS. Fort bien, pour ce qu'il n'y a chose tant pleine de cruauté, & larcins qui peut effrayer vne Courtisane fine. Mon renom fut tellemẽt espars & diuulgué par le païs, que ceux ainsi traitez n'y retournoyent: Et si d'auenture à quelqu'vn d'entr'eux prenoit enuie d'y retourner, faisoit en sorte que son seruiteur ou cõpagnon emportoit tous ses habits en son logis, & le lendemain matin les luy r'enuoyoit, encor' que nonobſtant tout aduis & preuoyance leur eſtoit force laiſſer quelques menutez à la maiſon, comme les coiffes qu'ils mettoyent en teſte pour dormir, les gants, les cordons, &c. qui ſeruent à vne Courtiſane, laquelle happe & prẽd tout, ne fuſt qu'vne branche de fenoil, le pepin d'vne poire, le fer d'vne eſguillette, & le trẽchant d'vn feſtu : Et auec tout tel grapinage ne pouuõs nous en fin euiter d'eſtre marchãdes de bougies & chãdelles par ces Egliſes, ce que nous cauſe le mal d'Eſpaigne que nous prenõs de ceux qui (en mal heure) paſſent les monts pour s'en deffaire. Celles à vray parler, qui en leur ieuneſſe ſe ſçauent gouuerner, ont l'hoſpital pour refuge, & ne leur peut faillir, ou bien recours à gaigner

& passer le reste de leur temps à seruir d'ambassade, sinon à faire perfuns pour embellir la face: oinctures pour adoucir les mains arracher le poil des sourcils, faire matlas: tenir tauerne, aller en pelerinage & gaigner les pardons pour autruy. Ie veux aussi que tu sçaches, qu'oncques ie ne fus de ces sortes qui se font mener par la main, comme Princesses, car i'ay tousiours eu moyen & iugement pour me sçauoir conduire: Mal'heur à celles qui en ce monde n'auront la grace & entẽdemẽt de se pouuoir conduire. Ie ne tient point pour grand & edifice nouueau, s'il ne se fait à peu de frais: Ce ne sont que paroles tout ce qu'on dit & court en prouerbe, qu'vn bœuf fiente plus qu'vne vache, & que mille moucherons, dont y a tresgrand nombre & foison. Pour vn grand Seigneur qui entre en ta maison, & qui te dõne vn bon present, y en entre autres vingt-cinq qui te payent en gambades, promesses & paroles: ce que mille d'ẽtre les bourgeois ne voudroyent faire, puis qu'ils paiẽt à mains plaines. Celle qui ne se monstre humaine, ne traine point le vellours: Ainsi verras que sous quelques mauuaises cappes sont recellez tresbõs ducats. Ie veux aussi que sçaches vn point, qui est: que ceux qui mieux payẽt en Rome, sont seruiteurs de marchans, marchãs dis-ie qui vẽdent charbon: & les despẽsiers que ie deuois nommer les premiers, qui despendent en vn iour auec les femmes, autant & plus qu'ils desrobẽt à leurs mes tres en vn an: tellemẽt que pour recueillir mousse & faire prouffit ne se faut accointer d'autres gẽs. S'accointer d'eux certes, & non point de ces mignons aux bottines picquees & qui portent le sayon de vellours. LAMIA. Pourquoy cela? LAIS. La raison est, que ces sayes de vellours & de satin sont le plus souuẽt fourrez de debtes, & que la plus part de ces Courtisans qui les portent, sont à la guise des limassons qui portent leur maison sur eux & iamais ne se saoulẽt de passe-tẽps. S'il y-a quelqu'vn d'entr'-eux qui ait quelque peu de reuenu, il le despẽd en oignemẽs & odeurs pour la barbe, ou en teinture pour rafreschir les coulleurs, & tapisseries, tellemẽt que pour vne paire de souliers de vellours que tu leur vois porter, remarqueras à leur queuë cēt desesperez qui les importunent faire payement de ce qu'ils leur doyuent. Ie ne me puis tenir de rire quand ie voy leur orgueil & presomption: & quand d'autre-part ie comtemple les sayons qu'ils portent, aucuns desquels à force d'vsure sont deuenus de vellours raz, ou satin cramoisi de haute gresse. Lamia. Il ne se faut esbahir si on voit tant de pelez au temps present, qui est tout autre à cil qui m'entretenoit en vogue, car à lors on trouuoit autres gens & de meilleur lustre que maintenāt si biē qu'on peut dire que la paureté grande en laquelle sont pour le iourd'huy les seruiteurs procede de la vilannie & nonchalance de leurs maistres. Laisſons à preſent le traité de ceſte matiere & pourſuy ton compte.

LAIS. Ie dy qu'il y auoit vn perſonnage à Mantouë, qui vouloit auec moy vſer de ſa pratique, & me diſoit qu'il ſçauoit quelle i'eſtois, voire cognoiſſoit mon parentage, cuidant par ce moyen faire de moy à ſon plaiſir, ſans tirer au cheurotin moyſi. Vn iour il s'en vint en ma maiſon, enflé des plus belles raiſons, douces paroles & nouuelles qu'oncques i'entendis degoiſer: il me loüoit: il me ſeruoit. Si quelque choſe tomboit en bas, il s'abaiſſoit pour le releuer: oſtoit ſon bonnet, & faiſant vn gentil pied de veau iuſques à terre, me la rendoit. Comme il euſt eſté quelque eſpace de tẽps en ceſt entretien & caraſſes, il s'enhardit vn iour en-

autres me tenir les propos qui ensuiuent : pourquoy, Madame, ne puis-ie obtenir de vostre grace vne courtoisie, ou que ne faites en sorte que ie meure, me voulant refuser ? Ie luy respons en ceste sorte : Ie me submets seigneur, à vostre obeissance en tout ce qu'il vous plaira me commãder, partãt aduisez en quelle part voulez estre seruy de moy. Ce que ie requiers de vostre grace, dit-il, tend à ce que veniez coucher auec moy ceste nuict. Ainsi le desire, afin que vostre gentillesse entre en possession d'vne maisõnette, laquelle vous est voüee par raison. Tres-volõtiers, Seigneur, vous obeiray, pourueu que ce soit apres soupper, parce que i'ay ia conuié vn mien amy à cest effet, & ne le puis laiſſer. Ceſte cõdition pleut merueilleuſemẽt au pourſuiuãt, qui ſe ſentit excuſé des frais & ennuis de l'appareil du ſoupper à bon marché. L'heure neantmoins aſſignee & venuë, me rendis en ſa maiſon, où de repos, & apres que nous fuſmes couchez, fus attentiue en toute affaire, & eſtant deſia bonne partie de la nuict paſſee, & que i'eu ſenty qu'il ronfloit, ie prins ſa chemiſe d'hõme que ie veſtis, laquelle eſtoit ouuree d'or, n'y ayant ſeulement huit iours qu'il l'auoit apportee de la boutique d'vne lingere, & au lieu d'elle, luy laiſſay la mienne à vſage de femme, vieille & vſee. Comme ma ſeruante me vint appeller de bon matin, me leuay en ſurſaut, & ayant remarqué au coing d'vne chãbre tout le linge de monsieur (qui dormoit son saoul) estant mis en vn monceau pour le bailler à la lauandiere, ie le chargé sur la teste de ma chambriere, le tout enueloppé en sa manteline, laquelle s'enfuir premiere, pendant que i'obseruois mon galant qui dormoit, prenant garde qu'il ne se reueillast : à quoy i'apperçeuz qu'il ne vouloit entendre, pour ce qu'il auoit assez trauaillé auparauant, parquoy ie me saisi de quelques phioles (que i'auois remarqué le soir en vne fenestre) pleines d'eauës de senteurs, desquelles ie prins le plus que ie peuz & m'en allay auec. Ce qu'il dit à son leuer tu le dois penser. LAMIA. Et se souffroient au mõde telles subtilitez ! LAIS. Comme il se vouloit habiller, il meit la main à ma chemiſe, qu'il euſt endoſſee n'euſt eſté qu'elle eſtoit vieille, repaſſee & deſcouſue par les coſtez, & lors penſa que par meſgarde ie l'auois eſchangee à la ſienne. Eſtant leué, & trouuant ſa maiſon ainſi balliee, ſans linge & autres choſes qu'il y auoit eu, deuint furieux comme vn lion: & ne me ſçachāt faire pis, forma vn plaintif à l'encontre de moy, tellement qu'il me fit coffrer en priſon. Mais cōme de ce fait n'y auoit aucun indice, nulle preuue par teſmoins ou autrement, ie fus deliuree: & outre les deſpens & intereſts que i'obtins à l'encō-tre de luy, lequel me faiſoit autre que fille de bien (comme tu ſçais que i'eſtois) tellement que ie fus de pluſieurs tenue pour fille de bien & d'honneur, & prins argument de rire mon ſaoul de luy, en lieu qu'il cuidoit triompher de moy: & faut encor' que tu ſça-ches, qu'en ce mien affaire ie n'a-uois faute de ſoliciteurs ny auſſi de teſmoins pour me qualifier fille des plus honneſtes du quar-tier. LAMIA. A ſon dan, ſe vou-loit-il iouer à perſonne de tant d'amis? LAIS. Eſcoute donc en-cores cecy: Ie tenois en Florence certain marchand pour amou-reux, bonne perſonne certes, & qui non ſeulement me por-toit affection, mais auſſi m'ado-roit & m'entretenoit fort bien. Ainſi que de ma part ie luy fai-ſois les careſſes à moy poſſible: parquoy il ne m'auoit en autre reputation ſinon de femme qui aimaſt ou feiſt choſe pour autre que luy: ores qu'il s'en trouue aſſez qui diſent, vous ne ſçauez pas, vne telle eſt ſi amoureuſe d'vn tel, qu'elle en ſeiche ſur les pieds. Ce ſont bourdes & à vray parler certaines ferueurs d'amours qui auſſi peu durent que la chaleur du Soleil en hyuer, ou la pluye en eſté. C'eſt choſe incompatible qu'vne femme qui ſe ſubmet à tous, en ayme aucun. LAMIA. Cela ſçay-ie bien. LAIS. Ce marchand duquel ie parle couchoit auec moy toutes les nuicts à grand plaiſir, qui fut occaſion que pour m'acquerir quelque reputation, & pour mieux luy donner le vent en queuë, ie le vous rẽdis fort gentiment ialoux de ma perſonne, ores qu'il n'en feiſt aucun ſemblant : mais en quelle maniere à ton aduis? Ie feis acheter trois couples de perdrix, deux chappons de haute gresse, des plus refaits, & vne paire de faisants: puis choisi vn compagnon bien vestu, qu'il ne cognoissoit, auquel enchargeay qu'à l'heure que le marchand seroit auec moy à table, prenant sa refection, vint heurter à la porte. Ce qu'il fit: à ce bruit cômanday à ma seruante qu'elle courust ouurir à qui que ce fust, & la porte ouuerte, il monte où nous estions: Bon prou vous face, & à l'hônorable compagnie, dit-il. Le Comte de Monture Espagnol, supplie vostre grace, Madame, luy faire tant de courtoisie que de manger ce gibier pour l'amour de luy, & vous mãde que quãd vous aurez la commodité, il desire vous communiquer quelques affaires. Ce qu'ayant entendu, ie feis semblant d'estre toute troublee, mõstrant piteuse mine, & luy responds: quel cõte, ou quelles baliuernes sont-ce cy? Remportez, mon amy quant & vous vostre present: Ie ne veux qu'autre cõte me tienne propos que celuy qui sied pres de moy, & qui m'a fait beaucoup plus de bien que ie n'en puis meriter en toute ma vie. Puis me tournant vers luy, qui estoit à demy troublé, l'embrassay, & deslors commençay à iniurier & deshonnorer le cõpagnon, luy enchargeant qu'il eust à partir de deuant moy. Le marchãd qui me veit ainsi coleree à l'encontre du ieune homme, feit de necessité vertu, & me dit: Prenez ce present, sotte, car c'est discourtoisie d'autrement faire. Puis dit au iouuẽceau: Gẽtil-homme, dites au Seigneur Comte qu'elle le mangera pour l'amour de luy. Apres quelques risees, lesquelles ie demenois à bon escient, me tournay deuers luy & dis: Que ce Comte Espagnol s'asseure hardiment qu'il n'aura vn seul baiser de moy. I'estime plus vostre soulier que ie ne fais cinquante Cõtes de ceste nation. De ce me remercia grãdement, & deslors se rendit ententif à sa pratique. En ces entrefaites ie feis venir ceux dont cy deuant t'ay parlé, qui debatoient mes querelles lesquels, au premier mot se rendirent en ma maison, enuiron le Soleil couchant (pource qu'à telle heure ie souppois auec mon marchãd) & leurs enchargeay qu'ils eussẽt

à choisir

à choisir vn ieune homme bien dispost & deliberé, qui portast vn flambeau en la main, & que les autres se tinssent vn peu à l'escart, les visages cachez de leurs manteaux : non toutes-fois si escartez qu'õ ne les peust biẽ voir de ma fenestre, & que celuy qui porteroit la torche criast à la porte, laquelle luy seroit incontinẽt ouuerte. Ainsi monta ce ieune hõme en la chambre où nous estions, & nous ayant salué gratieusemẽt à l'Espagnole, dit: Mõ Seigneur, le Comte vient ceste fois faire la reuerence qu'il doit à vostre gentillesse. Ie luy respons comme celle qui faignoit estre grandement troublee : Dites au Seigneur Comte que sa seigneurie me doit pardonner puis que ie suis obligee à autre Comte que vous voiez assis pres de moy Faisant fin à ces propos, luy iettay mes bras autour du col. Ainsi se partit le compagnon : mais il ne tarda beaucoup à retourner & appeller, sans qu'il luy fust autrement fait responce, parce que i'auois fait deffence à ma seruante de luy ouurir : qui fut cause que nous entendismes qu'il disoit: Monseigneur le Comte vous fera mettre l'huis dedans, voire y mettra le feu si vous n'ouurez. A ces menaces me mis à la fenestre criant à haute voix & detestant leurs efforts : Quelles violences sont-ce-cy, vostre Seigneur cõmandera qu'on abbatte mes portes? Dites luy, page, qu'il les cõmande brusler ou mettre en pieces, comme bon luy semblera, & que pour mon regard ie me veux tenir à vn seul que i'ayme & cheris, & qui m'a fait estre ce que ie suis. Tel qu'il est, m'est agreable: pour luy desire mourir s'il en est besoin. Ainsi que nous estions parlementans, arriuerent à la porte, qui estoient bien cinq ou six en nombre (ores qu'au bruit & tumulte qu'ils faisoient, semblassent estre plus de cinquante) l'vn desquels auec vne voix grosse & magistrale me dit: Vous-vous repentirez, vieille putain, & ceste poulle baguee qui est aupres de vous: Et par les ossemens du Soleil ie luy feray rentraire la trongne. Vous ferez ce que vous voudrez: ce ne sont, dis-ie, actes de cheualiers vouloir ainsi forcer les Dames d'honneur en leurs maisons. Ainsi que voulois encores les endormir de mille babioles, mon marchand me tira ſoudain par la robbe, me diſant que m'oſtaſſe de la feneſtre, & que ce que ie leur auois dit deuoit ſuffire, ſans vouloir eſtre occaſion que ſortant de ma maiſon, ces Eſpagnols le meiſſent en pieces. Et comme ie me fus retiree dedans, il me rendit tant de graces, pour l'eſtime en quoy ie l'auois, qu'il n'eſt poſſible le declarer, & plus que ne font ceux qu'on fait ſortir des priſons, ny ceux-là qui en icelle ont fait quelque affaire charitable. Le lendemain matin il me fit en diligence tailler vne robbe de ſatin venitian, de couleur moree, du plus fin de ſa boutique. Et ſe tint ſi bien ſur ſes gardes, qu'au pluſtoſt que *l'Aue Maria* eſtoit ſonné, on ne l'euſt trouué hors la maiſon, tant grande eſtoit la peur qu'il auoit de ces Eſpagnols & que le Comte luy feiſt donner quelque balaffre en la face: Ioint qu'à chaſque propos il auoit touſiours en la bouche: En bõne foy, ma Lucrece vous accouſtrez biẽ ces Comtes d'Eſpaigne. LAMIA. Pourquoy diſoit-il cela? LAIS. Pour ce que ie luy auois fait accroire que ie m'eſtois ainſi mocquee de ſept ou huit autres Comtes & Courtiſans de ce pays, les faiſant attendte au deſſoubs du figuier de mon iardin, tant & ſi longuement qu'ils ſe deſeſperẽt. Puis luy iurois que telle & telle nuict qu'il eſtoit couché auec moy, vn Gentil-homme de tel lieu & ſes ſeruiteurs auoyent eſté en vn parterre, & les autres au courtil, attẽdant qu'il deſcendist, afin que ie n'eusse occasion me ioindre à vn autre : lors il me redoubloit l'ordinaire, & mesmes me dõnoit infinies bagues. Et auec ses amis, n'auoit autre entretien de parolles, que de l'amour que ie luy portois, ce luy sembloit. LAMIA. Voilà certes vne gentille ruse. LAIS. Or attens vn peu ie t'en compteray vn autre : Ainsi que i'estois à Milan, aduint que ie couchay plusieurs nuicts auec vn bragard, faiseur de boucliers, qui auoit long tẽps esté en garnison à Siene, & suiuy les compagnies de Gẽnes, voire s'estoit trouué au sac de Rome, & en autres hazardeuses entreprises. Conclusion, il estoit tel homme, que quelque femme qui le voyoit de demie lieuë loing, entendoit qu'il se falloit garder de luy comme du diable : ſi bien qu'en tout Milan ne ſe parloit d'autre choſe. Et veux que tu ſaches que ie n'ay acquis ce que i'ay de preſent, comme buiſſonniere, ains comme diableſſe. Baſte, laiſſons cela, pour vne autre saiſon. Tu dois ſçauoir que ſe leuant vn matin d'aupres de moy, apperceus qu'il auoit dix ducats en ſa bource : en ſa bource dis-ie, que la nuict enſuiuant m'efforcay luy tirer de deſſous l'æſle, ce qui ne me fut poſſible (ores que cauteleuſement i'euſſe laiſſé la chandelle allumee tout à propos à cet effet :) parquoy ie differay m'en rendre contente à vne autre fois. Quelque peu de temps apres (me ſouuenant touſiours de cet affaire) comme il eſtoit en ma maiſon oyſif & à repos, penſant qu'il me deuoit toute sa vie tenir contente sans rien donner, feignis auoir acheté à vn marchand quelque quantité de toille de Holãde & qu'il viendroit à certaine heure me demander dix escus que ie luy deuois pour autre toille qu'il m'auoit ia deliuré à credit: à quoy ne fit faute le supposé marchand, tellemẽt que lors i'entendis qu'il estoit entré en la maison, me tiray pres de mõ bragard, & le feis Cheualier de mon ordre, luy baillant l'accollee d'vne main, & de l'autre applaudissois sa barbe tout doucement. Et le baisant à souhait, me prins à luy dire en ceste maniere: Me sçauriez vous à l'aduenture (Amy) faire entendre qui est vostre amoureuse? C'est vous, dit-il, de moy: Parquoy tant pour ceste responce, comme pour l'entretenir en cõ-tentement, ie me mis d'auantage à le festoyer. Tandis que l'entretenois, & luy disois ces mots: Voulez vous que nous couchiõs ceste nuict ensemble? la chambriere me dit: Madame, il y a assez long temps que le marchand de toille est ceans. A ce propos ie luy commanday qu'elle le feist entrer en la chambre où nous estions: Et lors mon bragard me demãdant qui estoit cet hõme & ce qu'il demandoit: Ie luy feis entendre qu'il venoit querir dix escus que ie luy deuois de reste des toilles qu'il m'auoit vẽdues, pour faire vn pauillon. Puis dis à ma seruãte: pren ceste clef, ouure ce coffre & luy donne dix escus de l'argent que tu y trouueras. Cependant qu'elle alloit faire ſemblant d'ouurir le coffre, ie dorlotois & amadoüois mon mignon au poſſible. Mais pour autant que le marchand de toilles s'en vouloit aller, encores que i'euſſe dit à ma ſeruante qu'elle ſe deſpeſchaſt luy compter argent, & qu'elle eſtoit toute troublee, ie m'en allay droit à elle: laquelle empeſchee à l'entour de la ſerrure de ce coffre ne le pouuoit ouurir, & tout à propos, parce que comme l'argent n'eſtoit deu à celuy qui le demandoit, auſſi n'auoit-elle la vraye clef qu'il falloit pour ouurir le coffre. Ce que voulant diſſimuler, feis mines qu'elle auoit efforcé la clef & meſlé la ſerreure: Dequoy iudignee (ce ſembloit) me iettay ſur elle, criant & frappãt à coups de poing, diſãt, ennemie mal'heureuſe, tu m'as gaſté mon coffre! Puis la frappãt touſiours, luy commanday qu'elle allaſt querir le ſerrurier, pour en faire ouuerture. A quoy voulant obtemperer, s'y tranſporta, mais feit ſemblant de ne le trouuer point, & retourna ſans l'amener. Incontinent, monſtrant plus de faſcherie qu'auparauãt, me tournay vers mon challãd, & luy requis de grace, que s'il auoit dix eſcus ſur ſoy, il m'en feit preſt, afin que le marchand de toilles n'attendiſt d'auantage, pendant qu'on iroit cercher vn homme pour leuer la ſerrure, & que de l'argent qui y eſtoit il ſeroit rembourcé. Lamia. Tu iouas (à mon aduis) la plus grande & gracieuſe trouſſe du monde, & n'ouy de ma vie la ſẽblable. Lais. La premiere chose qu'il fit, ce fut de mettre l main à la bource, donnant le dix escus à ce marchand, & luy dit: Tenez frere, & vous en allez à la grace de Dieu. Comme i'estois assaillant ce pauure coffre, le frappant des pieds tant que ie pouuois: puis non cõtante des grandes & petites offences que luy faisois, prins vne pierre de laquelle ie me voulois efforcer (ce sembloit) de l'ouurir: Il me dit, Enuoyez, Madame querir vn serrurier: vous le romprez plustost que l'ouurir de ceste sorte. Desia me disoit toy & vous, auec moindre respect qu'au precedãt, sans plus vser de Seigneurie, au moyen de la liberalité de laquelle il auoit vsé enuers moy, me prestãt ces dix escus. LAMIA. Iesus que ton excellence faisoit belle incõgnuité. LAIS. Quãd il m'eut retiree d'aupres ce coffre, qu'assiduëmẽt ie traittois à coups de pied, il me mena vers le lict, en intẽtiõ que nous coucheriõs ensemble à l'apresdisnee : mais cõme i'estois encores indeterminee si à ce ie deuois consentir ou non: On frappa à la porte, Et cõme ie me voulois mettre à la fenestre pour voir qui c'estoit, il me retint & pria que n'en feisse rien. En effet ie me despestray de ses mains, & regardant en bas, i'apperceuz vn ieune Gentilhomme, monté sur vne mulle, qui desguisé, me presẽta la crouppe: ce que i'acceptay, receuãt par mesme moyen la cappe d'vn sien page, vestuë au surplus d'habits d'homme, ainsi que soulois estre la plus-part du temps, & en cest

equipage m'en allay auec lu[y]
Dequoy indigné mon bragar[d]
(badaut qu'il estoit) abbatit v[n]
portraict de ma personne repre-
sentee en vn tableau qui pen-
doit à vn tapis, & l'emporta : (cõme s'il eust voulu soy venger d[e]
moy) & deslors sort de ma maison, comme celuy qui quitte vn
ieu auquel il a perdu son argent.
Vray est que tost apres il retourna auec vn marteau & tenailles,
en deliberation d'enleuer la ser-
rure & prẽdre ses dix escus: Mais
ma chãbriere qui estoit instruite
de ce qu'elle deuoit faire, commença à crier à haute voix, & dit,
On me desrobbe, on me desrobbe: Aux larrons, aux larrons : tellement que tout le voisinage fut
tout à l'instãt à ma porte. Ce qu'ẽ-
tẽdãt, il se hasta le plus qu'il peut,

& fit en ſorte qu'il enleua la ſerreure du coffre, où il trouua pluſieurs petits vaiſſelets pleins d'oignemens, qui ſeruoient à ambellir la face & les mains: Les autres pour les cheueux: Poudres & racines de mauues pour les dents: empoix pour empeſer les voiles & collets, vn pot plein de põmade pour adoucir l'aſpreté du corps & des iambes, deux phioles d'eau aſtringente pour reſerrer ce que tu ſçais, & pluſieurs autres menutez dont nous vſons à la conſeruation de noſtre eſtat. Mais à propos te faiſant le recit des choſes qui m'ont eſté occurentes, me ſouuient de ceux qui veulent faire vne confeſſion generale, & s'accuſer de tous les pechés qu'ils ont commis en tout le cours de leur vie, & iettez aux pieds du confesseur, ne leur souuient de la moitié. LAMIA. Fay moy part de ce dont il te souuient, afin que le me contant, le surplus te vienne en memoire. LAIS. Ainsi feray-ie: Vn certain Idiot, qui pour tous les biẽs de ce mõde, auoit vne seule vigne, laquelle venduë ne pouuoit faire plus grãd' sõme que de cent escus se meit en fantaisie me demãder & auoir à fẽme: choisissant pour le tiers & mediateur, en ce negoce, vn certain Barbier que ie cognoissois, enuers lequel il fit en sorte qu'il me porta parole de sa part. Or cõmme i'euz veu la mõnoye qu'il pouuoit auoir, luy dõnay esperance qu'il paruiendroit à son but desiré, tellement qu'estant asseuré de m'auoir pour siẽne, il s'ẽ vint vn iour en ma maiſon, où eſtant de repos & enyuré d'vne infinité de careſſes que luy faiſois, deſpendit en moins d'vn mois tous les cent ducats en vtẽcilles & meſnages à garnir ma maiſon: non que durant ce tẽps me ſouuienne luy auoir donné (pour tout contentement) plus d'vne ou deux fois la collation. Le moyen que ie tiẽs pour m'en deſcharger, fut que conuins auec vn mien amy qu'il euſt à l'eſpouuenter lors qu'il entroit en ma maiſon, & que deſgaignant l'eſpee contre luy, feit meine de le frapper. Ainſi ne fut meſtier d'autre recepte: par ce que de la grand frayeur qu'il en conçeut, & de la melancolie qui le tenoit, pour auoir deſpẽdu tout ſon argent, s'en alla rendre moyne, & demeuray auec ce qu'il m'auoit acheté, me gaussât de luy en tous endroits. LAMIA. Pourquoy celà ? LAIS. Pour ce que c'est grãd contentement à vne Courtisane quand elle se peut louër d'auoir fait à telles gẽs quelque desplaisir, ou les auoir trompez. LAMIA. Maudite soit l'enuie que i'ay de ce faire. LAIS. Que de deniers i'ay gaigné en ce mõde! receuãt les vns en ma maison, d'où ie chassois les autres. Mes amis & poursuiuans souppoient souuent auec moy : le soupper acheué, ie leur mettois vne paire de cartes sur table, & leur disois, iouez, messieurs, pour vn demy testõ de cõfitures: supposons que le ieu estoit que celuy auquel le Roy des picques escherroit, perdroit & payeroit les dragees & confitures. Le ieu finy, & la collation faire , les cartes touſiours demouroient ſur table , tellement que ceux qui les voyoient (eſtans ioueurs) ſe pouuoient auſſi peu contenir de iouer que moy de faire tromperies. L'argent deſbourcé, on commençoit à iouer à bon eſcient , & deuez entendre qu'entr'eux ie tenois deux Mattois qui contre-faiſoient les Courtiſans, & qui en apparence ſembloient eſtre ſimples, leſquels d'entree ſe faiſoiẽt prier de iouer : mais tenans en main les cartes (plus faulſes que ie ne ſuis) faiſans bonne pipee, attiroient par ſubtilité à eux toute la monnoye des conuiez : en quoy ie leur ſeruois de beaucoup , attendu que nonobſtant que ie ſceuſſe les cartes eſtre faulſes, ie ne laiſſois d'abondant leur monstrer par signes quel ieu auoient ceux qui nous deuoient laisser la moëlle de la bource. LAMIA. Vrayement la trousse que tu leur ioüois n'estoit point des pires ores qu'ils fussent tes amis. LAIS. Lors que i'estois en Ferrare, pour deux escus qui me furent presentez ie donnay aduis à vn certain personnage que son ennemy venoit deux heures deuant iour, tout seul, coucher auec moy: à l'occasiõ duquel rapport il vint à la mesme heure l'espier & le tailla en pieces. LAMIA. Pourquoy venoit il à deux heures deuant iour? LAIS. Pour ce qu'à telle heure se partoit vn autre de ma maisõ, qui n'y pouuoit estre d'auantage. Mais penses tu que si i'auois vn amy, qui dormist auecques moy, que iamais il fust seul à prendre ce plaisir? Ie me leuois mille fois la nuict d'au pres de luy, faignant auoir mal d'estomach, autres fois de vouloir descharger le ventre: & cependant ie descédois en bas pour contenter les vns & les autres qui estoiét attendans par la maison. En esté entrans les chaleurs, ie laissois pendre mes cheueux, & me metrois en chemise, faisant quelques tours par la chambre, puis me rendois à la fenestre autre peu de temps, raisonnant auec la lune, les estoilles & le ciel: dequoy il auenoit telle fois que ie sentois deux gallans pres de moy, au lieu de celuy que i'auois laissé au lict. LAMIA. Tout ce qui est differé en ces affaires, est perdu. LAIS. Il n'y a que douter en cela. Or escoute encores ceste-cy.

Comme i'euz destruit dix ou douze de mes amis, tellement qu'il ne leur restoit plus que me donner, ie les portois par maniere de dire sur mes espaulles, ainsi que corps morts : c'est à dire (si bien tu ne m'entends) qu'ils m'estoiēt à charge & sans proffit, parquoy ie m'aduisay de les renuerser en la fange. LAMIA. Par quelle subtilité? LAIS. Vn Medecin & vn Apoticaire, miens amis, ausquels ie me pouuois fier de quelque secret que ce fust, entendirent. Vn iour (estans tout deux en mon logis) que voulois contrefaire la malade, bien asseuree que tous mes amoureux se mettroient en peine me faire guarir : Parquoy m'addressant au Medecin, luy dis : Ne faillez, Monsieur, au plus tost que ie seray allitee leur dire que ie ſuis en treſgrand peril, & ce pendant ordonnez Medecins de grand prix. Et vous, Apoticaire, ne faillez à les faire bien valoir, i'entens les bien ſaler & les monter fort haut: mais au lieu d'elles m'enuoyez choſe de peu d'eſtime ou quaſi de nulle valeur? LAMIA. Maintenant diſ-ie que tu ſemble vn diable, ſi ainſi eſt qu'en ceſte façon trouuas moyen d'attrapper l'argent que tes amoureux dõnoient au Medecin & à l'Apoticaire. LAIS. Vrayement tu as vn gentil cerueau! Et t'eſbahis-tu de cela? Eſcoute le ſurplus, & ſembleras creuer de rire: eſtans mes pourſuyuans tous aſſemblez pour ſoupper auec moy, qui faiſois ſemblant d'auoir l'eſtomach empeſché & ſentir de treſ-grandes angoisses me laissay cheoir soubs la table. Ma mere qui estoit faite au badinage, pleurant sur moy, auec grand'douleur, feit à toute peine qu'ils me porterẽt au lict, & là estant, elle & eux me pleuroient comme pour morte : Ce qu'obseruant diligemment me sembla alors conuenable iouer mon personnage : pour à quoy paruenir, tiray du cœur vn aigre & douloureux souspir, & portãt les mains à l'endroit de la poictrine, me prins à prononcer auec voix foible & debile: confession, confession, confession. A ces paroles ma mere laquelle cognoissoit mes ruses, faisãt l'effrayee & pleine d'angoisse, dit qu'autre fois i'auois eu le mesme mal : que c'estoit vne passion de cœur, partãt falloit en diligẽce enuoyer querir le rir le Medecin tel. Elle n'eut plustost acheué de dire ce qu'elle vouloit, qu'il y en eut deux, lesquels semblans voler, bien informez par ma mere où il se tenoit, le furent querir. Estant arriué au logis me tasta le poulx, auec deux doigts, si doucement qu'il sembloit pinceter les touches d'vn luth: Incontinent il cõmãda qu'on m'oignit à l'endroit du cœur, auec certains Epitimes qu'il ordonna, puis s'approchãt tout coyemẽt de deux qui estoiẽt plus proches de luy, leur dit, cõme en secret, vsant de grãde discretion, afin de faire croire que ma mere & moy ne l'entendiõs: Elle n'a plus de poulx. A ce propos, quelque-vns de ces rustes cõmençoient à reconforter ma mere, qui faisoit mines soy voulo'r ietter en vn puits: Les autres estoient à l'entour du Medecin, entre tant qu'il escriuoit le Recipé, pour enuoyer querir les remedes. Si tost qu'il eut acheué d'escrire la recepte, l'vn d'eux la porta pour estre exploitee & biẽ tost apportee à l'Apoticaire : lequel ne faillit à venir (suiuant ce que nous auions comploté ensemble) les mains pleines *d'Alagazos*, *& Diaforfoles*, *Qui pro Quo*, & autres drogues necessaires à ce propos : lesquelles & plusieurs autres drogues il bailla au Medecin, afin d'estre par luy veuës & appliquees. Ma mere se trouua fort empeschee à se deffaire de ces pauures martyrs : pour ce que tous vouloiẽt demeurer ceste nuict autour de moy, & coucher en leurs habits pour me veiller, toutesfois elle trouua moyẽ de s'en desp estrer. Le matin venu ils retournent & ramenerẽt encor' le Medecin auec eux, duquel ils entendirent pour toute resolution, que ie mourrois la nuict prochaine, s'ils ne me pouruoyoiẽt de remedes conuenables pour me conforter le cœur, bien affligé. Il ordonna dõcques qu'on procurast d'auoir vingt cinq ducats venitiãs, & que d'iceux on feist vne decoction iusques à ce qu'ils fussent consumez en eau claire & potable. Vn d'entr'eux, & celuy qui mõstroit plus m'aymer print sa cappe & s'en alla les pourchasser, lesquels trouuez il apporta & les donna à ma mere, qui comme femme subtile qu'elle estoit les meit à poinct, dont aussi tost pourroit ſortir d'enfer celuy qui y ſeroit entré, comme ces ducats pourroiẽt eſtre tirez de ſon pouuoir. Bref, ie feis en ſorte que de la rubarbe, ſirops, epitimes cordiales, tablettes, manus chriſti, iuleps, charbon, bois, volailles & viſitations du Medecin, me reuindrẽt entre mains plus de cent ducats. LAMIA. N'eſtois tu pas mattee de garder le lict ſans eſtre malade? LAIS. Ie me fuſſe veritablement deffiguree ſi i'euſſe eſté ſeule au lict : mais le medecin par vne nuict me frottoit les eſpaules, autre-fois l'Apoticaire m'appoſoit epitimes : puis chappons & bon vin n'eſtoient non plus eſpargnez que l'eau au moulin. En Rome ne ſe perçoit tonneau de vin, que ie n'en euſſe la premiere le pucelage. LAMIA. Ha, ha, he!

LAIS. Le marchãd dont t'ay parlay me faisoit entendre qu'il estoit en grand desir d'auoir vn fils de moy : ce qu'ayant entendu arrestay en memoire d'en faire profit. De là en auãt me rendis plus triste & melencolique que de coustume, & soir & matin me tordois les bras & mains, faisant mille gestes estranges, tellement que si ie mãgeois deux bouchees de pain ou viãde, i'en recrachois quatre, disant qu'elles estoient ameres. De ce indigné me regardoit du coin de l'œil, puis disoit à part soy ; O pleust à Dieu ! Ie te dis verité que si tost qu'il estoit sorty de la maison, vn laboureur ou vn chasseur ne mangeoient plus que ie faisois, ores qu'en sa presence ie feisse meine d'auoir tousiours perdu l'appetit : Et vint ce desgoust à tels termes que ie ne tastoye bouchee de ce qu'on seruoit sur table. Apres cõmençay à me plaindre & douloir, disant que i'auois senty l'enfant remuer dãs mõ vẽtre : que i'auois l'estomach desuoyé & que mes fleurs n'auoiẽt plus leur cours, dequoy ie luy feis faire ouuerture par ma mere, laquelle l'asseura que i'estois enceinte: cõme aussi le Medecin, mon secretaire confirma le tout estre vray. Le gentil-hõme de ce ioyeux au possible, se meit à cercher comperes & commeres, achepter chappons pour engresser, pouruecoir la maison de formage, de porc salé, de charbon, de beurre, de chandelles, d'huille : bref ne se trouuoit au marché fruict nouueau qu'il n'acheptast & feit apporter en diligence, quand on luy en euſt demandé vne de ſes aureilles en payement, tant eſtoit curieux que ie n'euſſe defaut de choſe quelconque, ou bien que i'euſſe occaſion de me plaindre que ie peuſſe mal deliurer. Auſſi ne cõſentoit-il que ie feiſſe aucune choſe de mes mains: que me bougeaſſe pour aller de lieu en autre: que ie portaſſe les mains iuſques à la bouche, ne que ie prinſſe la peine de dire mes *Patenoſtres*. Pour quoy eſcheuer il me donnoit à manger de ſa main, m'aſſeoit & me leuoit: Et en fin on euſt peu creuer de rire à le veoir pleurer lors que me plaignois. Vn iour entre autres, il ſe print à ſouſpirer tãt & ſi tendrement, que ie ne pẽſois moins ſinõ qu'il ſe mourroit de dueil & deſconfort: & ce ſeulemẽt pour m'auoir plusieurs fois ouy proferer ces paroles: Seigneur, à tout le moins si ie meurs en trauail, ie vous recommande noſtre petit enfant. Deſlors feis mon teſtament par lequel ie le delaiſſois heritier: l'animal fut ſi aduiſé qu'il fit leuer iceluy des Notaires, & le donna à lire aux vns & aux autres, puis leur dit: Regardez ſi ie n'ay pas raiſon de vouloir biẽ à ceſte femme? L'ayant entretenu de telles & telles menteries plus de deux mois entiers, pour le moins: Vn iour entre autres feis ſemblant d'eſtre tombee, & que de la cheute m'eſtois tãt bleſſee que ie n'auois ſenty cet enfant: Puis requis à ma mere qu'elle ne feiſt faute mettre en vn baſſin plein d'eau tiede, la forme d'vn aignelet nouueau

nouueau nay, tellement patroné qu'il n'y auoit hõme qui le voiãt, n'eust iuré & asseuré que c'estoit vn enfant. Ce qu'ayãt apperçeu, se print à arracher la moitié de sa barbe, demenant vn grandissime dueil: encores demenoit-il plus grands cris quand ma mere luy fit entendre que c'estoit vn masle, & qu'il luy ressembloit merueilleusement bien, tant auoit les iambes longues & bien faites. Ainsi despendit ne sçay combien d'escus à le faire enterrer, & se vestit d'habis de dueil, publiant par tout, que le plus grãd desplaisir qu'il emporteroit de ce monde, seroit de ne l'auoir peu faire baptiser solennellemẽt & à grand appareil. LAMIA. Eh! qui fut le pere de ceste creature nouuelle? LAIS. Pour t'en dire la verité ce fut vn Belier. Maintenant parlons d'autre matiere qui te donne plus de contentement. LAMIA. Cõme il te plaira. LAIS. Il faut dõc que tu saches que debatãt par plusieurs iours en mon cerueau en quelles formes ou manieres ie pourrois faire prouisiõ pour vn temps d'aduersité, prins pied en vne chose assez proffitable pour vne Courtisane qui pẽse s'emplumer à toutes mains, soit auec le peu, comme auec le trop. Pour le te donner à entendre, iamais hõme ne couchoit auec moy sans y laisser de sõ poil, fust chemise, coiffe, soulliers, chappeau, espee, gants ou mouchoir, qui demouroient à reculler: bref, tout ce que ie pouuois agripper estoit perdu pour eux, & de tout cela ie faisois monstre en ma maiſon. Ie tenois amitié a-uec vinaigrsier, fruitiers, ceux qui vendent le miel roſat, les raiſins de paſſe, figues, voire iuſques à ceux qui vendent la paille, tellemẽt qu'il y auoit entr'eux diſſention à qui ſeroit le plus priué de moy. LAMIA. Mais oyons pourquoy. LAIS. Pource qu'appuyee ſur la feneſtre, lors que tels chalands paſſoient deuant mon logis i'achetois de ce qu'ils auoiẽt, biẽ que n'en euſſe neceſſité, tendant à ce que les mignons qui e-ſtoiẽt pres de moy, le payaſſent, leur faiſant donner plus que la valeur des choſes, pour les tenir cõtens & obligez: tellement que nul ne pouuoit entrer en ma mai ſon, qu'il ne luy couſtaſt pour le moins vn real, ou demy, ou vn ſols pariſis: ſomme qu'il eſtoit besoin qu'il luy coutast quelque chose. Si d'auenture i'estois occuppee à deuiser auec quatre ou cinq amoureux, ma seruãte (faite au badinage) disoit venir d'acheter quelque chose, tellement qu'embouchee de ce qu'elle deuoit faire, entroit en la chambre & disoit, Madame, ie n'apporte rien parce que n'auois assez d'argent. Moy, faisant la courroussee, luy disois alors : Hé mal'heureuse que tu és! n'y auoit-il là personne qui te prestast autant qu'il y auoit à dire? combien s'en failloit-il? voyons. Elle repliquoit, seulement quatre sols. Adonc ie me mettois à carresser le plus prochain de moy, & luy disois: N'y a-il point icy quelque Gentil-hõme qui me preste vn demy teston? Celuy se tenoit en moins de reputation qui estoit le dernier à me donner, tellement que bien souuent i'en receuois quatre ou cinq, de chacun le sien: De ceste maniere ma seruante apportoit tous les iours à ma mere les mains pleines de lin, de linge, & autres choses qui s'achetoient de ceste bonne monnoye, & se trouuoit tousiours quelqu'vn qui payoit le tisserand. Si tost que ces bonnes gens estoient partis, autres venoient, comme est la coustume: ce que tirant en pratique, leur faisois dire que i'estois occuppee, tellement que n'ouurois l'huis qu'à vn seul, auec lequel tenois maniere & gentil entretien, lequel (pourtãt de courtoisie, insinué tout outre en ma bõne grace, cõme il luy sembloit) ce mesme iour m'enuoyoit coultis, conuertures, ſoye pour ouurer, chaires à doſſier, ou quelque autre choſe de bon qu'il euſt: En recõpenſe dequoy luy promettois qu'il vint coucher auec moy. A ceſt effect enuoyoit tresbien à ſoupper, ou ne faiſoit faute s'y trouuer, pour participer de ce qu'il auoit enuoyé : mais ſçachãt qu'il ſeruoit de grand maiſtre, allant deuant les plats, les retenãt luy enuoyois dire qu'il feiſt vne pourmenade, laquelle il faiſoit aſſez courte, puis retournoit. Auquel de recheſ faiſois dire eſtre encores occuppee, & qu'il deuoit faire de recheſ vn petit tour. Cõme ie l'eus eſconduit par deux fois, il reuint pour la troiſieſme, mais on ne luy reſpondit rien, parquoy il commença à crier & faire le mauuais, m'appellant putain, truye : iurant par la massuë saint Christofle qu'il me feroit acheter la trousse que ie luy faisois. Moy accompagnee d'vn autre, tout en riant souppois à mon aise de ce qu'il auoit apporté: vray est que l'entẽdant ainsi crier & abbayer, luy disois, Tien toy là si tu veux criard, & ne te chaille de moy. LAMIA. Comment te pardonnoit-il vn tel tour, s'il estoit hõme quelque peu de qualité? LAIS. Eust-il esté tel qu'il vouloit, ie m'en souciois beaucoup: Qui se soucie malencontre luy viẽt. Il estoit trois ou quatre iours en cest ennuy, puis amortissãt vn peu sa colere, ne se pouuoit garder de retourner, pour le respect de ce qu'il auoit dõné: disãt par grãde dissimulation qu'il me vouloit dire qnelques paroles.

A quoy, ſubit, ie luy reſpondois qu'il m'en pouuoit biẽ dire vingt mille, & que ie les eſcouterois. La porte ouuerte & eſtant monté en haut, où il flairoit les odeurs & parfuns, me diſoit : Ie n'euſſe iamais creu, Madame, que vous m'euſſiez voulu iouer vn tel tour. Alors, ma vie, diſois-ie, vous deuez croire que ie n'aime ny ne veux aimer autre que vous, qui ſe baigne en ma memoire : Si vous ſçauiez de quelle importãce il m'eſtoit que i'allaſſe ceſte nuict hors la maiſon, vous approuueriez pluſtoſt ce ſeiour, que ne m'en dõneriez blaſme. Et ſi ie n'ay opinion de vous qu'enduriez ou deuiez ſouffrir de moy, quelque legere faute: voyons ie vous ſupplie de qui ie la pourray cõceuoir? Ie ſçay bien que cõme vous estes malicieux, vous auez pensé que i'estois allée en la maison de quelque Aduocat ou Procureur, à conseiller sur quelque procés ou contention. En cela ne vous estes point abusé. Proferant ces paroles, ie m'approchois de luy & l'embrassois, le faisant larmoyer, tellement qu'on eust dit que ie luy arrachois le cœur du ventre & de sa propre volonté : en sorte qu'il perdoit toute la rãcune qu'il me portoit, puis s'en alloit de moy aussi doux comme vn aigneau. LAMIA. Ie dy qu'on s'oublie grandement de ce qu'on ne t'ordõne faire leçon publique dans Paris. LAIS. Tu te moques de moy. LAMIA. Non fay en verité, ains veux maintenir que le merites, autant que la plus docte qui auiourd'huy viue. LAIS. Ie veux donc que me prestes encores audience, & tu orras par quel moyen ie vins à estre riche. Il y auoit vn gentilhõme qui mouroit sur les pieds de l'amour qu'il me portoit, tellemẽt que me voulant mener auec luy, pour deux mois, à vn sien heritage, ie feis courir le bruit par toute Venise, où i'estois pour lors demourante ou arrestee, que ie m'ẽ allois hors de la ville: Aussi ie mãday appeller vn crieur, qui feit vẽte à l'encãt de tous les menus meubles & vtẽsiles que pouuois auoir: Vray est que ceste vẽte ne se feit point sans vn tresgrãd regret & ennuy d'autres amoureux qui m'affectoient, lesquels neantmoins ne peurent tãt gaigner sur moy, que ie ne meisse mes deniers en banque, à leur deçeu, comme aussi du galand qui m'emmenoit. LAMIA. Pourquoy vendis-tu les meubles de ta maison? LAIS. Pour les rendre de vieux nouueaux. Comme ie fus de retour en la ville, mes galands venans de toutes parts me visiter, en intention de me pouruoir d'autres necessitez, estoiēt aussi drus que les fourmis, qui portent le forment en leur formiliere. LAMIA. Certes les maux que tu faisois à tels miserables, estoient occasion, peut estre, qu'ils ne te croyoient. LAIS. Ie ne nie point que tous les arts & sciences ne se cerchēt que pour gaigner argēt, voire iusques à faire aux pauures amoureux manger nostre fiente en medecine, & boire nostre eau pour souueraine. Qui plus est, ie cognois vne Courtisane, dont ie ne veux dire le nom , laquelle persuadee qu'vn quidam yroit apres elle , luy donna à manger poils, cheueux , & choses puantes & ordes. LAMIA. Mais toy, ainsi Dieu me garde , si tu poursuis plus outre, ne me demeurera trippes au ventre , que ie ne iette dehors. LAIS. Escoute donc. Auec vne chandelle composee de gresse d'homme , i'ay fait vne experience, laquelle i'ay trouuee bonne pour certaines maladies, & autres choses , tellement que les sorcelleries & enchantemens que tu soulois faire auec herbes seiches en l'ombre fumees de cordes de pẽdus , vngles de trespassez, auec parolles diaboliques ne sont qu'vn peu de vent, au respect de ce que ie sçay faire , & le te decelerois, s'il m'estoit licite te le dire. LAMIA. Tu dois donc auoir la conscience fort estroite, voire telle que celle de Messire Chapelet. LAIS. Ie ne veux point que tu me tiennes pour hypocrite, ains te veux dire & dois tenir pour chose veritable que ie sçay plus que tous les Philosophes, Astrologues, Alquimistes, & Nigromātiens qui iamais furent: mesme qu'ay fait experience de toutes herbes qui sont és prez, comme aussi de toutes paroles qui se disent és marchez. Ne sçais-tu point que par tels moyens ay sçeu esmouuoir le cœur d'vn homme, qu'en l'oignant seulement de ma saliue, l'ay fait deuenir si bestialement muet, qu'estant amoureux de moy, il demeuroit fiché sur les pieds, me regardãt cõme vne idole, bien qu'il y fust hõme accoustumé d'aller chacun iour au chãge: il n'eust peu neãtmoins regarder autre féme au visage, tandis que le voulois ainsi tenir. LAMIA. Voyez vn peu enquoy consistẽt les secrets d'enchantement! LAIS. Tout celà ne gist qu'au cerueau des viuans: cerueau dis-ie qui a la mesme force de sçauoir attirer l'argent des miserables, & alterer les sens de ceux qui sont des plus austeres & retirez. LAMIA. Si les sens ont mesmes forces qu'ont les deniers, ils ont plus d'efficace que n'eust Ronceuaux de bon heur, quand en ce lieu moururent les douze Pairs de France. LAIS. Plus & dauantage certes. Mais pourfuiuons nostre propos: Escrits ceſte ruſe en ta memoire , tu ne la trouueras mauuaiſe. I'auois vn amy autãt colere qu'homme qui fuſt, liberal en deſpence , & qui neantmoins n'auoit beaucoup dequoy: tellement qu'à la moindre picqueure d'vne mouche & encores pour plus petite occaſion , ne pouuoit ſoy contenir d'vn grand nombre de vilennies, me deshonnorant en mille manieres: Vray eſt que ceſte chaude paſſee, ſe mettoit à genoux deuant moy , & (les bras croiſez) me demandoit pardon , que ma gentilleſſe luy octroyoit , ſous penitence puiſee en ſa bourſe. Eſtant aduiſee qu'il donnoit volontiers ce qu'il auoit, le feis venir en vn extreme deſeſpoir: mais par quel moiẽ, ſi biẽ y pẽſes? Ie me leuois d'aupres de luy, & m'ẽ allois auec vn autre coucher, & biẽ qu'il fust pire que luy me paya au double. Reuenus que nous estions en bonne conformité & racointez par amitié, commençois à feindre ne le vouloir plus veoir, ny ne vouloir auoir que faire & souder auec luy, parquoy il feit partage auecques moy de toute ce qu'il auoit & par ce moyen il paruint à auoir paix. LAMIA. Tu faisois donc auec luy ainsi qu'vn vilain fait à l'endroit d'vn chacun, qu'il importune tāt qu'on luy donne ces soufflets ou ballaffres, afin de ce tirer vingt escus de la bource de celuy qui les luy donne. Ainsi se gouuerne celuy qui cerche toutes les occasions pour faire tresbucher son aduersaire en ennuy. LAIS. Ie veux bien que tu saches que cestuy-cy estoit de ceux qui plus cerchoit

cerchoit à m'affiner, bien que le plus grand gaing ne gisse tousjours en tel affaire. Pẽsoit-il que pour auoir celé à son confesseur sept ou huit pechez veniels, il eust du tout acquité sa cõsciẽce? La plus simple courtisane du mõde en commet cent en vne heure: Si tu veux le tout bien considerer, regarde combien sera vne d'ẽtre nous empeschee, quãd pour couurir son vice, sera contrainte en descouurir mille des estrangeres? Ma sœur Lamia, la gloutonnie, la rancune, & l'enuie nasquirent le iour que nasquit paillardise. Si tu veux donc entendre comme vne buissonniere engloutit toutes choses, considere vn peu ce qu'elle fait despendre en banquets & en masques. Si d'auantage tu veux cognoistre comme elle sort enragee de sa maison : Ie dy que si en vn momẽt pouuoit embraser tout le monde, elle le feroit. LAMIA. Il ne faut point douter de cela. LAIS. L'arrogance d'vne d'elles, surpasse celle d'vn riche vilain: son enuie est plus dangereuse que n'est la verolle, laquelle penetre iusques aux os. LAMIA. Fay moy maintenant tãt de plaisir (puis que ie t'en ay autre fois prié, & qu'ainsi faire le m'as promis) que ne me ramenes plus ce mal en memoire, autrement tu m'auras pour ennemie. LAIS. Pardonne moy, ma sœur, ie ne me souuenois que de ce fusses tourmẽtee. La paresse d'vne femme folle & legere est plus mordãte & nuisible que la melancholie d'vn Maistre d'hostel qui a seruy vingt ans, & se voit défauorisé de son seigneur, sans auoir vn liard que despēdre. L'auarice de telles galieres est du tout semblable à celle d'vn riche auaricieux, qui a farcy son ventre & son appetit de maints bons morceaux, pendant que de ce qu'il a peu espargner, faisant ainsi l'alquemie, il l'entasse auec autres deniers qu'il tient en sa maison. LAMIA. Et la paillardise d'vne femme est elle dangereuse? En quel degré la mets-tu? LAIS. Ma sœur, Lamia, Qui tousiours boit, n'a iamais soif, il aduient peu souuent que celuy ait faim, qui est tousiours à la table pour manger. Si quelquefois les hommes nous rembourrēt le bas, deslors nous reprenōs appetit, goustans à saueur ceste douce chose, laq̄lle semble renaistre par nouueauté. Ainsi en vse la femme enceinte mãgeant d'vn fruict immaturé verd, voire d'vne chaux attiree d'vn mur. Ie te iure, ainsi Dieu me donne l'aduenture que ie cerche, si la luxure n'est la chose qu'estimons le moins, ayant esgard que nostre pensement n'est autre chose qu'à tirer de tous le cuir & les courroyes. LAMIA. Ie te croy, en bonne foy. LAIS. Aussi m'en peux tu biẽ croire, car ie ne te diray rien qui ne soit vray. Ainsi m'aide la verité, si vne fois seulement, ains plus de cent, ie me suis retenue plus de six heures, voire vne nuict entiere, auec vn homme, tellement que s'il parloit à moy cinq cent fois, autant de fois luy rendois responce si fantastique & tant hors de propos, qu'il s'en trouua quelques-vns tant priuez de leur iugement, qu'ils cuidoiẽt que ie perdisse le iugement pour les aimer trop ardãment. LAMIA. Plustost pẽserois-ie que l'ardeur du chaud te faisoit resuer, s'ainsi estoit que fust en Esté. LAIS. Si n'estoit-ce ne l'vn ne l'autre : car quand quelqu'vn entroit en ma maison pour coucher auec moy la meriãnee, ou la nuict, il estoit cause que mon sens & fantasie n'estoient occupez à autre chose qu'à aller par les boutiques des lingeres, & courir à la fripperie. Pense, ie te supplie, comme ie disois à par moy, ce rustre me laissera demain à son depart dix escus pour le moins : Si ie les touche vne fois entre mains, ie m'en vay droit au maistre de la maison, & luy en donneray trois sur le terme prochain qui n'est encores escheu, afin que les trouue autant bons quand il sera passé. Delà m'en viendray par la boutique de mon linger, & luy donneray, sur bon compte, vn autre escu, sur les fustaines qu'il m'a baillez à credit: afin que par tel moyen i'entretiẽne les marchãds à me prester plus volõtiers. Ainsi feray-ie aux autres à qui ie dois: parquoy changeray ma cotte à vne autre plus gaye. Et peut estre que feray mettre vn bord de velours à ma verdugale, & s'il me viẽt en fantasie achapteray quatre mines de froment: ce n'est point mauuaise prouisiõ, car cela sera cause que ma mere cuira du pain qu'elle ennoyera vẽdre par ma seruãte, & le gruyau de la farine nous demeurera pour neãt,

& suffira pour nostre prouision. D'auantage, les belutant, se trouuera tousiours quelque chose pour nourrir les poullailles. Si d'auenture y a presse, & qu'il se vende auant qu'il soit hors du four, là est le gain & profit: pource qu'il n'est assez cuit. Ainsi, ma sœur, m'amie, quiconque est detenu de telles considerations, ne peut auoir son affection ailleurs, ou tenir cõpte du peché de luxure, & non seulement perdrois le tẽps en tels pensemens, ains aussi en autres plus grandes resueries. LAMIA. Atten vn peu, ne t'est-il iamais aduenu q̃ tel cõpte se soit trouué faux & contraire? LAIS. Ouy & assez souuẽt: car s'il se fust trouué iuste & sãs faute, où est-ce que i'eusse logé si grãde quãtité de deniers, que i'eusse assemblé, veu le grãd nombre de gens qui abordoit en ma maison? S'il aduenoit que le pain fust cher au marché, i'auois lors telle & si grãde presse que rien plus. I'oubliois à te dire le pire du compte : c'est que tout ainsi qu'aucuns venoiẽt qui produisoiẽt monnoye comme paille, aussi en y auoit il d'autres si rebours & fascheux, qu'à force de iurer qu'ils auoient oublié leurs bourses au logis, eschapoient la saignee, s'exemptans pour ce coup. Autres, s'ils estoiẽt marchands, disoient que ce iour là les bancques ne s'estoient ouuertes que bien tard, & qu'ils n'auoient peu si longuement attendre, partant passoient francs sans payer. Toutesfois s'ils retournoient faire l'amour (les remarquant) ie leur iettois telle amorce, que ce, que force leur estoit payer le vieil & le nouueau, voire iusques à me satisfaire du plaisir & contentement qu'ils auoient receu, se mocquans de moy. De ce, i'ay souuētesfois fait preuue, disant, comme en passant : Si cestuy me dōne quelque chose, i'acheteray cela, ou feray cecy : s'il ne me dōne rien, ie feray autrement. Ainsi le temps couloit en ces deliberations, sans ce qui se passoit, que s'ils eussent esté à cinq cēs lieuës de moy : de maniere que ie vien à conclure derechef ce que i'ay dit cy deuant, & est, que la paillardise n'est point le plus grand mal que nous commettons, parquoy tu peux penser quels seront les autres. Mais à propos, ie te prie de grace que tu sois attentiue à mille gentillesses que ie te veux reciter en cet endroit. LAMIA. Dy les hardiment, car encores que ie t'escoutasse iusques à demain, maudite soit la peine que i'en reçoy, mais au contraire grãde delectation & contentement. LAIS. Il y en auoit entre autres, trois, qui me faisoient l'amour, l'vn desquels estoit Peintre, & les deux autres Escuyers, & y auoit entr'eux tel accord, qu'il se voit entre chiẽs & chats. Vn iour leur ayant donné à tous trois assignation de venir à vne mesme nuict en ma maison, sans que l'vn sceust rien de l'autre: Aduint que le Peintre se presenta le premier, heurtant à la porte, laquelle luy fut incontinent ouuerte, parquoy de ce pas il monta les degrez: Ainsi que ie me voulois seoir pres de luy, voicy venir vn des Escuyers, qui se faisant cognoiſtre à la parole, me dõna occaſion dire au Peintre qu'il ſe retiraſt, pendant que luy allois au deuant. L'ayant rencõtré, la premiere parole qu'il me diſt, fuſt: Le diable ne fera-il point maintenant que ie trouue ce meſchãt malheureux Peintre, pour luy frotter ſon eſchine à coups de baſton: & n'eſtãt ouy du Peintre pour les paroles que i'entremeſlois, i'ouy le troiſiéme amoureux qui ſe print à ſiffler, & faire cognoiſtre le ſigne d'entre luy & moy: Puis recõmença pour la ſecõde fois, voulant eſtre entendu, & que ie luy feiſſe ouurir. Ce que conſideré, & quel moyen ie tiẽdrois pour le faire entrer, ſans q̃ les autres deux qui eſtoient en la maiſon, en fuſsẽt aduertis, me reſolus luy ouurir, tellement q̃ feis mettre le secõd au lieu où le peintre estoit assis: & cõme ce troisiéme fut mõté, les premieres paroles qu'il me dit, furent: Ie pẽsois, Gorriere, trouuer icy quelques vns de tes amis, s'ainsi fust aduenu, & que l'eusse rencontré en ce lieu, il n'y auroit remede en son fait qu'il ne mourust par mes mains. Et pour telles paroles nõobstãt ne laissa d'estre gelinote: car estãt ouy du Peintre, qui ne sçauoit q̃ l'autre Escuyer fust au lieu où il estoit, ny l'Escuyer de luy pareillement, saillirent tous deux hors en mesme instant, desireux cognoistre quel estoit celuy qui estoit entré auec telle brauade. Le dernier venu, voyãt venir les deux autres sur luy, delibera soy retirer à vn coing de la chambre, pour s'y rendre plus fort : mais il n'aduiſa ſi bien à ſes pieds, qu'il ne tombaſt ſi lourdement en terre, qu'il ſe meurdrit tous les reins. Les deux autres coleres qu'ils eſtoient deſcendirẽt apres luy : ainſi tous trois qui ſoudain mal ſe vouloient, commencerent vne dure meſlee, au bruit de laquelle vindrent pluſieurs voiſins, qui neantmoins ne pouuoiẽt entrer pour les departir, attẽdu que l'vn eſtoit appuyé des eſpaules contre la porte. Cõme le bruit croiſſoit par dedans, & que le peuple multiplyoit par dehors, le malheur voulut que le Gouuerneur paſſaſt par là deuãt: lequel s'arreſtant au bruit qui ſe faiſoit, commanda que la porte fuſt miſe par terre, & deſlors les feit empoigner tous trois, & de ce pas les coffrer en priſon, tous ords & sanglans qu'ils estoient, ordonnant qu'ils fussent en vn mesme cachot, iurant qu'ils n'en sortiroient iamais qu'ils ne fussent amis, ainsi qu'ils ont esté depuis. LAMIA. Par mon pucelage, ceste là ne fut point des pires de la couuee. LAIS. Pense dõc si elle fut bonne, puis que ie la contois à tous les estrangers qui venoiẽt en ma maison : ie fus certes en bransle d'en faire dicter vne chãson, si ie n'eusse douté d'estre tenue glorieuse. LAMIA. Dieu t'en guerdonne. LAIS. Ainsi soit-il. Comme en ce qui s'est passé, i'apprestois à rire pour tous, ainsi les feis-ie pleurer, en ce que maintenant te diray. Et est qu'estant en Rome, au temps de mes prosperitez, richesses, & temps mesmement que ma personne estois en plus d'estime & reputation, comme aussi estant en la fleur de mon aage, imaginay me rendre Beate recluse, au champ sainct Antoine. LAMIA. Pourquoy nō à sainct Pierre, ou à sainct Iean de Latran, ou en maintes autres Eglises qui sont à Rome? LAIS. Parce que mon intention principale fut d'esmouuoir mes amoureux à pitié, aduenant que ie m'approchasse pres de tant de monceaux d'ossemens des trespassez. LAMIA. Ce fut bien aduisé à toy. LAIS. Presumant du nom que ie porte, ie commēçay à mener sainte vie. LAMIA. Auant que tu m'en comptes d'auātage, ie desirerois sçauoir comme tu entras en telle frenaisie de vouloir estre Beate recluse. LAIS. Ce fut en intention de me faire tirer du cloistre aux despens de tous mes poursuiuans. LAMIA. Voire, voire. LAIS. Deslors ie commençay à changer de vie, voire de premiere rencontre ie mis ma tapisserie par terre, & ployay mon lict de camp. Le iour suiuant ie commanday serrer la table haute sur laquelle ie soulois manger & boire : puis vestuë d'vne robbe de bureau, sans aucune garniture, ie quittay la chaine la gorgerette, les anneaux & autres ornemens & pareures que ie portois. Puis feis semblant de ieusner sans cesse, & que ie ne mangeois qu'vne fois le iour, reiettant la conuersation d'vn chacun, sans souffrir que mes amis me visitassent. Ainsi ie leur faisois de iour à autre entendre l'amendement de ma vie, dont ils ſe deſeſperoiēt en eux-meſmes. Comme le bruit fut eſpars par tout Rome, que ie me voulois rendre recluſe, ie tiray tout le meilleur de mes meubles, & les meis en lieu ſeur, donnant pour l'honneur de Dieu maintes autres petites hardilles de nulle valeur : Et quand il me ſembla qu'il fut temps & heure de iouer mon roolle, ie feis appeller tous mes amis, leſquels ia penſoient demeurer orphelins ſans moy, bien qu'il euſt eſté beaucoup meilleur pour eux ne m'auoir iamais cogneuë: Ie les priay d'eux ſeoir, & eſtant aſſiſe entr'eux, m'eſtant contenuë de parler par quelque eſpace, ie commençay à diſcourir & reſuer en mon cerueau certaines paroles que i'auois autresfois entendues d'eux en ſecret, faisant premierement monstre de plorer à chaudes larmes, & puis leur disois : Mes freres, quiconque ne pense és choses de l'ame, semble n'en auoir : s'il cuide en auoir, il ne vise point à ce qu'il conuient pour sa saluation. Quant à moy, i'y veux entẽdre, au moyẽ dequoy ie vous fay entendre que suis conuertie par la predication d'vn frere lay, lequel m'a fait lecture de la vie & legẽde de la Magdalene, chose qui me fait tomber en grand' crainte & espouuantemẽt de l'enfer: I'ay veu ceste Sainte en peinture, parquoy ie me determine de n'aller point en lieu si chaud, qui est le repaire des mal-heureux, encor que mes pechez soient en si grãd nõbre, que ie dois sur toute chose craindre mon Dieu & sa iustice: Partant, mes freres, ie veux enſerrer ceſte chair en eſtroitte priſon. Les pauures amoureux entendans ces propos, ſe meirẽt à veoir en moy ſi grande deuotion, telle qu'õt accouſtumé faire les deuotes perſonnes, qui ne ſe peuuent contenir de ſouſpirer, entendãs preſcher la paſſion de Ieſus Chriſt. Et pourſuyuant ma harangue, plorant à chaudes larmes, leur dis : Ie ne veux plus, mes freres, aucunes pompes : Ie ne veux plus d'atours: Ie ne veux plus de paremens de maiſon: Ma maiſon paree, par ſingularité, ſera vne petite maiſonnette deſnuee de tous ornemens & tapis: mon lict ſera vn faiſceau d'eſtrain mis ſur vne natte : mon manger, la grace de Dieu, & ma boiſſon eau de pluye. En lieu de mes habits d'or & de ſoye que ie ſoulois porter, ie prendray vne haire aſpre & groſſiere, & l'ayant expres pour ceſt effect, la leur mõſtray. I'eſtois là eſcoutant les plaintes que faiſoiẽt mes amoureux, leſquels ſe paſmoient de douleur, & par fois deuiſoient les vns aux autres de leurs douleurs. Mais quand ie vins à leur dire, Mes freres, ie vous demande pardon : alors ils ſe meirent à ietter ſi grãs cris que l'õ euſt peu faire en Rome, ſi elle euſt eſté de rechef ſaccagee : & aduint qu'vn grand aſne d'entr'eux, ſe iettãt à mes pieds, me pria qu'eſloignaſſe de moy telle penſee, & voyãt que de rien ne luy ſeruoit ſa priere, il s'en alla heurter pluſieurs fois de la teſte contre la paroy. LAMIA. Ieſus, Ieſus, Hé quel grand peché! LAIS. Le matin venu que ie deuois entrer en la closture, tu eusses iuré que toute Rome estoit en l'Eglise du *Cãpo sancto*, tãt y abordoiẽt de gẽs qui s'y rẽdoient de toutes parts, auec autant de ferueur & deuotion, cõme quand on va pour gaigner quelques indulgences. Et dois sçauoir pour chose toute seure que ceux ausquels dés le soir on a notifié la sentence, suiuant laquelle ils doiuent estre au lendemain executez & punis de mort, ne peuuẽt estre pl⁹ tristes & troublez en leurs cœurs, qu'estoient alors mes amoureux, & ne te puis dire entierement tout ce qui se passa en ceste affaire pour n'estre en mon discours trop prolixe. Finalement ie fus enserree auec vn bruit & rumeur de tout le peuple, qui disoit : Dieu l'a appellee à penitence. Les autres disoient, ô quel bon exemple elle a donné de soy! qui eust oncques creu telle chose, aucuns tenoient cela pour impossible, autres estoient remplis de merueilles, & les autres se rioient, disans : Ie veux estre pendu s'elle accomplit le moys en ceste deuotion. Ce fut chose, certes, digne d'estre notee, que de voir les pauures miserables en l'Eglise, cerchans le moiẽ de parler à moy, & te iure pour verité, ma sœur, ainsi me deliure Dieu du mal que tu sens, que iamais prisonnier de lese Maiesté ne fut mieux gardé comme ie fus d'eux. En fin, quelques iours passez, ie commençay à prester l'aureille à leurs petitiõs, par lesquelles ils me sollicitoient & exhorotient à toutes heures à sortir de ce cloiſtre me diſans que l'ame ſe pouuoit ſauuer en tout lieu. Si bien que pour t'en dire la verité, ils m'enleuerent & me garnirent & eſquipperent vne maiſon de nouueau, où ie m'en allay demourer ſi toſt que i'en fus ſortie. Concluſion, i'en ſortis auec meilleur maintien & trongne que iamais, tellement qu'vn chacun rioit dans Rome de tel acte, principalement ceux qui eſtoient attendans quelle fin prẽdroit vne telle deliberation: Puis diſoient les vns aux autres (rians à gorge deſployee) que vous ſemble de ce que vous en ay dit? LAMIA. Ie ne ſçay quelle femme pourroit conceuoir en ſon eſprit l'inuẽtion dont tu vſas. LAIS. Les Courtiſanes ne ſont pas femmes, mais pluſtoſt vrais diables : Ie te veux aduertir (ma sœur biẽ-aimee) qu'vne mauuaise femme tient tousiours en son cœur vn aiguillon qui la fait viure mal-contente. Et te confesse que pour vn Laïs qui a sçeu se preualoir & faire son profit, il s'ẽ est trouué mille qui sont mortes és hospitaux. C'est pourquoy Maistre André maintient que les Courtisanes & Courtisans sont & doiuent estre mis en mesme degré. Cecy est l'aiguillon ou esperon que ie t'ay dit nous espoinçonner l'ame : l'ame dis-ie, qui est plus que le cœur, puis qu'elle nous rend imaginatiues, ou pour mieux dire, fãtastiques, pensant ce qu'il sera de nous, & que deuiẽdrons en nostre vieillesse : si nous aurons charge de quelques lampes, de faire pelerinages

rinages ou neufuaines, ou bien si trouuãt quelque gracette de bõne trongue la prendrons pour fille, la prenant d'aage telle que desflors elle puisse donner fruict à sa nourrice. LAMIA. Hé! combien ay-ie veu d'exẽples de tels euenemens? LAIS. Ie n'ay veu d'auantage que tu n'as, car i'ay veu qu'elles se sont donnees des plus magnifiques noms qu'elles ont peu rencontrer, lesquels cõme elles changent chacun iour, les estrangers ne peuuent iamais deuiner quel est le leur propre, parce que maintenant elles s'appellent Marguerite, tantost Magdaleine, maintenant dame Pauline, dame Villemanoche, &c. à l'occasion seulement qu'il y aura passé vn Seigneur ou Gentil-hõme par la ruë où elles demeurẽt, qu'elles auront ouy porter vn tel nom. Tu les verras auec plus de Madames sur leur chaperõ, q̃ n'as beu de fois eau de gajac: tellemẽt que pour vne que trouueras qui ait sa mere, comme ie l'ay euë, & est celle qu'as congnuë, il en y a vn milion d'autres tirees du berceau des tauernes & maisons d'autruy, dont on ne pourroit seulement deuiner qui fut le pere, ou s'elles en ont eu, veu qu'elles sont de la façon des Mandragores. Quant à nous autres, si bien tu y prens garde, ne cessons de publier que nous sommes filles de Seigneurs, chose toute mensongere & trouuee à propos, par ce que les semences qui se plantent en nos iadins, sont tant & si diuerses qu'il seroit impossible deuiner qui en a esté le iardinier,

& eſt grande folie à celle qui ſe tourmente vouloir ſçauoir de quelle graine ce fruict a eſté produit, veu qu'en tels prez ſe voyẽt diuerſes ſemences, qui toutes enſemble croiſſent ſans leur dõner aucune marque. Regarde par ta foy qui pourroit rien deuiner de certain en cela? LAMIA. Ce que tu dis eſt vray, & ſans faute. LAIS. Peu heureux dõc ſe peut bien dire celuy qui tombe és mains des Courtiſanes qui ont meres : Meres, dy-ie, qui par aduẽture d'aage cõuenable, veulent auoir auſſi bonne part, &c. que leurs filles, ſi bien qu'il conuient qu'elles meſlent par moyen de leurs filles quelque larcin en leurs practiq̃s, chaſtiãt par le cul de la bourſe ceux qui les diffamẽt. Touſiours, & pour le mieux, s'accointent de ceux qui sont encores nouueaux venus, sçachãs qu'auec les vieux routiers peu souuẽt elles ont credit. LAMIA. Ceste raison me plaist tresbien. LAIS. En quel peril se met le pauure sot, sur lequel mere & fille enfermees en vne chambre iettent leur sort! De cõbien de moyens de desrober elles se recordent! Quelles cruautez elles commettent! Que de sorcelleries elles inuẽtent! Quelles dissections & anatomies elles font de sa bourse! Ie te dy pour verité, & m'en crois, ma sœur, que Paladinas n'eust peu enseigner tant de tours du baston, de trauerses & de points à ceux qu'il enseignoit à escrimer, comme les meres adoptiues ou naturelles en enseignent à leurs filles. Elles disent à l'vne, quand ton amoureux viendra, tu luy diras cecy, & luy demanderas cela: Tu l'embrasseras à tel temps & luy feras caresse de ceste maniere: ce fait le traitteras de telle sorte. Sur tout, ne fay point trop grand cas de luy, ne le desprise aussi si fort qu'vn ou l'autre viẽne à passer les limites de raison, & tant que seras auec luy, ne laisse point à faire chere à vn autre, s'il se presente: monstre semblant d'estre fort soigneuse. Promets & nie quand bon te semblera: demande tousiours à emprunter, & leur dis qu'ils te prestent braccelets, anneaux, habits, couurechefs, & vaisselle d'argent. Mets tousiours peine d'en faire aueugler quelqu'vn: car quand tout le monde se deuroit fondre, le pis qu'il t'en peut aduenir, seroit luy rendre ce qu'il t'a baillé. LAMIA. Tō discours semble pure verité, & te fait paroistre femme grãdemẽt experimentee, fort aduisee, & qui sçait le sien & celuy d'autruy. LAIS. Tu t'en peux bien asseurer, & croire de fait, attendu qu'il en va ainsi. LAMIA. Et toy, as tu à l'aduenture esté aussi peruerse? LAIS. Telle, & vne de celles qui viuent comme les autres, tellement qu'abandonnee à mal faire, ie mis si grand' peine à me faire telle paroistre, que n'ay differé entreprẽdre choses que femme de mon estat eust peu faire. Autrement ie ne me fusse tenuë pour Courtisane, & en tel instinct de l'estre en effect & degré magnifique, voire autant accomplie que la plus singuliere du mestier, tellement que si oncques femme par merites deuoit eſtre eſtimee Courtiſane, Lais que vois icy preſente, l'a loyaument merité, comme celle qui en fut paſſee maiſtreſſe dés l'ãnee quatorziéme de ſon aage. Laiſſons ces choſes à part, & parlons d'autres qui ſont de plus grande importance : Combien de miſerables perſonnes ay-ie fait tailler en pieces, leur donnãt des balaffres, & leur rompre & meurdrir les membres à coups de baſton? LAMIA. Dy le moy, ainſi puiſſe-tu iouyr de la vieilleſſe cõme tu as fait de la ieuneſſe. Mais à propos, as-tu fait penitence de ces petits pechez veniels? LAIS. Tu dois ſçauoir que de n'agueres ay gaigné vn grand nõbre d'indulgences & pardons, & pourquoy ne penſe point que mon ame ſoit des dernieres qui iront en paradis, non plus que le corps a esté des derniers à prendre ses plaisirs en ce monde. Si te dy derechef que ie ne seray des dernieres, biẽ que i'aye permis faire assassins & meurtres des hommes, tant me sembloit que cela redondoit à la gloire de ma beauté, afin aussi qu'on apperceust flãboyer & reluire les espees, en la rue où ie faisois demeurance. Malheureux estoit celuy qui me faisoit quelque desplaisir, car quãd il n'y eust eu autre que le bourreau, ie me fusse fait couurir de luy, pour en auoir la vengeance. LAMIA. Le mal est mal, & le bien est bien. LAIS. Soit cõme il voudra estre, ie le faisois faire, & si ne m'en repens point. Ie te pourrois encores enseigner vn art que ie sça-

uois

uois,pour les faire encourager: Il t'aduiendra telle fois que tu le pourrois bien faire. I'eu maintesfois en ma maiſon neuf ou dix amoureux tous enſemble, auſquels departois les careſſes & paroles par telle meſure, qu'il leur ſembloit eſtre en Paradis,& quand il me venoit en fantaiſie ie me retirois en vne chambre auec celuy que bon me ſembloit, au moyen dequoy le plaiſir des autres s'amaigriſſoit aſſez. Entre eux s'oyoit des ſouſpirs, accompagnez d'vn ſourd bruit & murmure, ſi bien qu'ils ſembloient quelques eſtrangers qui endurẽt à faute de pouuoir. De ces ſouſpirs s'engendroiẽt quelques clameurs, entremeſlees de morſures de doigts,coups de poing dõnez ſur la table, & petits ſonnets chantez en fantasies qui faisoiēt quelque peu interrōpre la cholere: puis s'estās promēez quelques tours, ils descēdoient en bas proferans mil blasphemes, & d'auēture trouuant la porte fermee, là se tourmentoient comme taureaux. LAMIA. La Mandoze ne fut oncques si cruelle que toy. LAIS. Ie croirois bien que fusses de ces piteuses. LAMIA. Il est vray que piteuse suis & si m'esiouis de l'estre. LAIS. Quel plaisir estoit ce, quād au milieu du plaisir qu'aucun prenoit auec moy, ie me mettois à pleurer sans occasion, & m'estant demandé d'où me procedoient ces douleurs: auec souspirs simulez & gemissemens de bonne desguise, ie proferois ces paroles, ie ne suis point estimee, ie suis deboutee de vous, neantmoins ie prendray patience, puis que ma fortune le veut ainſi. Autre fois, comme quelqu'vn d'eux ſe partoit de moy pour deux heures ſeulement, luy diſois en pleurant, où allez vous? Il n'y aura gueres à faire que vo⁹ retourniez icy, quand en autre lieu aurez pris quelque mal, qui me rende occuppee à le guarir. Ainſi penſoient les folaſtres que quelqu'vn me vint faire recit de telles choſes, ou que pour la grande amour que ie leurs portois, me mettois en peine d'entendre leur gouuernement. Le plus ſouuẽt ie me mettois à pleurer quand i'apperçeuois quelqu'vn qui auoit tardé ſeulement deux iours à venir en ma maiſon, luy faiſant entẽdre qu'eſtois biẽ ioyeuſe de le voir. LAM. Il falloit biẽ que tu euſſes les larmes toutes preſtes & appareillees en la mãche. Lais. Tu peux bien croire que ie ſuis faicte de la maſſe d'vne pierre, d'où l'eau diſtille ordinairement, ores qu'en toute ma vie ne peuz oncques pleurer que d'vn œil. Lamia. Et pourquoy non des deux? Lais. Pource que les femmes legeres & deſbauchees ne pleurent que d'vn œil, les mariees de deux, & les nõnains de quatre. Lamia. Vrayement il y a plaiſir à entendre telles choſes. Lais. Il y auroit voirement du plaiſir ſi ie le te declarois au long, & dois tu tenir pour tout certain & aueré q̃ les Courtiſanes pleurent de l'vn & rient de l'autre œil. Lamia. Tu ne te departiras d'icy ſans m'en certifier. Lais. Ne ſçais tu point pauurette, qu'eſtant de l'aage que tu es, nous auons le ris en l'vn & la larme en l'autre des yeux, qui eſt occaſion que nous rions incontinent pour quelque petite choſe que ce ſoit, & que pour vn riẽ, voire à chaque fois, iettons telles chaudes larmes, qu'il ſemble que nos yeux ſoient vn Soleil troublé & obſcurcy, qui darde ſes rayons hors, & puis tout incontinent les abſcõſe: & auſſi au milieu de nos pleuas entremeſlons vn petit ſouz-ris, toutesfois au plus fort du rire, ne defaillãt dequoy pleurer, tellemẽt qu'ayant finy le ris d'vne choſe, auſſi toſt pleurons nous de l'autre: ce que ie ſçay faire auec meilleure grace que nulle Courtiſane qui ait eſté & ſoit de mon temps, ſi bien que par ces façons de faire ay plus captiué de cœurs que ie n'ay en teste de cheueux. Si donc n'y a chose plus necessaire que le rire & pleurer que ie t'ay dit, aussi est-il besoin en sçauoir vser en saison, attendu que s'il ne se fait biẽ à point & en son tẽps, tout n'en vaut riẽ, & aduiendroit ce qu'on dit des roses de Damas, que si on ne les cueille à l'aube du iour, elles perdent leur odeur. Lamia. Il fait bon viure on apprend tous les iours choses nouuelles: & cõbien que ie sois telle que tu me vois presentement, si ne perds ie point l'esperance de faire mon profit de plus de quatre choses de celles que ie t'ay ouy cy deuãt reciter. Lais. Apres les pleurs & les ris simulez, marchoient les mensonges, desquels ie me prise mieux que les paysans de leurs aulx, & me croy que i'en ay plus dit en ce monde, qu'il n'y a d'arene en la mer, & faiſois qu'elles eſtoient creuës, à force de ſermens que i'y adiouſtois, voire eſtoit ſi bon le credit que i'auois en diſant quelque choſe, que tu n'euſſe autrement iugé, ſinon que i'eſtois vn notaire Apoſtolique. Ie parlois par maniere de dire, de choſes non ouyes. De là venois à tomber en mes debteurs, en mes biens: I'imaginois choſes eſtranges que ie reduiſois à mon propos, & affermois qu'elles eſtoiẽt promptes & preſtes. I'auois, outre ce, en ma maiſon certaines tablettes où eſtoient inſcrits les noms de tous mes pourſuiuans amoureux, entre leſquels ie departois les nuits de la ſemaine, laiſſant à eſcrire le nom de celuy qui ceste mesme nuict deuoit coucher auecques moy. Et si tu as veu l'ordre qu'on tient és escholes des petits enfans, où on pend certaines tablettes, esquelles sõt escrits les nõs de chacun en particulier. LAMIA. Il me souuient de les auoir veuës. LAIS. Sois dõc entẽtiue à ce que ie te diray. LAMIA. Qu'ont à faire les mẽteries & inuentions que disois maintenant auec la tablette que tu tenois pendue, où leurs nõs estoiẽt escrits? LAIS. Ie te diray: Les sots qu'ils estoient, se tenoient asseurez que la tablette leur notifioit la nuict qui leur escheoit, si bien qu'ils se trouuoient trompez par beaucoup de nuicts, attendu que i'y mettois l'vn pour l'autre, ce qui ne m'est aduenu de faire vne ſeule fois, mais pluſieurs. LAMIA. Maintenãt ie viens à cognoiſtre qui tu es. LAIS. Eſcoute encore ceſte cy, ie te prie affectueuſemẽt que tu y ſois ententiue. Ie demãday à emprunter vne chaine de grand' valeur à vn quidam, qui eſtoit treſcontent & ſatisfait de ma beauté, & ceſtuy cy la demanda à vn autre, qui l'oſta du col de ſa femme pour la luy preſter, & me la mit de ſa main le iour que le Pape donne les doüaires à tãt de pauures filles au monaſtere de la Minerue. LAMIA. Tu veux dire le iour de l'Annonciation. LAIS. Ce fut ce propre iour que elle me fut miſe, vray eſt que ie ne l'eus pas longuement. LAMIA. Pourquoy cela? LAIS. Pource qu'ainſi que i'entray en l'Egliſe, où ie vey ſi grande multitude de peuple, ie pensay à iouer vn tour de mon mestier: de fait ostay ceste chaine de mon col, & la donnay à vn qui m'estoit plus secret que le confesseur, puis me fourray en la plus grande presse qui fust, & quand ie fus bien auant, ie me prins à gemir, souspirer & regarder vn chacun au visage, & là commença ta Lays à esleuer ses cris iusques au ciel, disant: Ah ma chaine! Il m'ẽporte ma chaine! le larron! le voleur! puis ie commençay à ietter mon voile par terre, à me demener & debattre, & faire vn bruit si grand que ceux qui estoient en l'Eglise furent en trouble & tumulte. A ces cris le Preuost se rendit hastiuement où i'estois, & se saisit d'vn mal-heureux qu'il veit chãger de couleur, & estre troublé, cuidant que ç'auoit esté luy qui auoit desrobbé ma chaine, & le menant en prison, il ne tarda gueres qu'il ne fut pendu bien chaudement. LAMIA. Ie n'en veux plus ouyr. LAIS. On ne t'en priera ia (belle Dame) & vrayement tu auras patience. LAMIA. Volontiers iusques à ouyr la conclusion : & que te dit celuy qui te presta la chaine? LAIS. Sortie de l'Eglise, tousiours pleurant & me tordant les mains, ie retournay en ma maison: où paruenuë m'enfermay en vne chãbre, commandant à ma seruante que personne ne montast en haut, pour me donner plus grand ennuy. Comme i'estois en ces feintes angoisses, suruint l'amy qui m'auoit presté la chaine, lequel entré en ma maison s'attendoit parler à moy : mais il n'en peut trouuer le moyen, bien qu'il appellast, & se mit en effort de heurter par plusieurs & diuerses fois à l'huis de la chambre où i'estois retiree, disant ainsi : Lays, Lays, ouure moy, ouure moy, ne te desespere ainsi. Ie faignois ne l'ouyr, ains disois redoublãt mon courroux : Ah, pauure & miserable que ie suis : chetiue, triste, mal-heureuse & infortunee entre toutes femmes, priuee de bon heur, de toute grace & felicité par dessus celles qui oncques nasquirent: que feray-ie? que deuiẽdray-ie ? que sera-ce de moy? Ie veux entrer auecques les repenties, ou bien me precipiter en vn puits. Et en me leuant du lict où ie m'estois couchee, ie dis à ma seruante, sans ouurir l'huis de la chambre, qu'elle appellast incõtinent vn crieur, disant que voulois vendre tout ce que i'auois, & de l'argẽt de mes meubles payer la chaine. Lors ma bonne chambriere faisant semblant de l'aller querir, ceste bonne personne de mon amy se print à crier plus haut que par deuant, & disant, ouurez, c'est moy. En fin ie luy ouuray & entra, mais comme ie le veis, ie me prins à crier à haute voix, disant : Triste & desolee que ie suis, or suis-ie biẽ destruite, ô malheureuse femme qui es poursuyuie & assaillie de tant de desastres : Monsieur, disois-ie, quand ie deurois demeurer sans chemise, si ne veux-ie point que vous perdiez vn denier de la valeur de la chaine: & en proferant ces paroles, mes deux yeux sembloient deux fontaines d'où les larmes degoustoient en abondãce. Il faisoit auec les doigts certains signes qu'il ne s'en soucioit beaucoup, & en me consolant & flattant doucettement, la chose vint à tels termes qu'il coucha ceste nuict auecques moy, & eusmes ensemble tant de plaisir, que iamais plus ne se parla de la chaine. LAMIA. Pour abreger, certes tu es assez fine pour en tenir boutique. LAIS. Si tu ne reçois fascherie de mes discours, ie te diray maintes autres choses qui me viẽnent en la memoire. LAMIA. Ie prens tant de plaisir à t'escouter, que ie seray dolente, quand la nuict sera venuë, pour nous departir. LAIS. Tu dois sçauoir, ma grand'amie, qu'en peu de temps que demeuray à Pampelune, vn vieillard foible, decrepit, & tout flestry, s'enyura de ma beauté, & moy de sa bourse: si biẽ que voulant iouyr d'amours, tout ainsi qu'vn edẽté des croustes de pain, il passoit tout son temps à m'embrasser, à me taster, à soy pouruoir de preparatifs, & autres remedes, lesquels ne peurent oncques effectuer son desir de bonne sorte. S'il faisoit quelque peu monstre de le pouuoir faire, sa chaleur se trouuoit incontinent amortie : de sorte qu'il sembloit proprement vne lampe qui n'a non plus d'huile, que pour monstrer qu'elle est allumee, tellemẽt que ne luy profitant chose de tout ce qu'il faisoit, ie m'aduisay auant que du tout luy defaillist le pouuoir & desir de me hanter, faire chose qui te sera aggreable d'escouter. Mais à propos, quoy? Ie conuiay vn iour toutes les filles de ioye que cognoissois, ausquelles ie feis vn banquet à ses despens, puis luy demãday à emprunter trente pieces de vaisselle pour le seruice de la table, tendãt à me monstrer riche & opulente. Ceste vaisselle neantmoins ne se rendit entierement, pource que i'ẽ auois retenu quatre des meilleures pieces : & venant au soir pour coucher auec moy, ie prins les vingt six & les luy mis en son giron, & les ayant contees pour les dõner à vn sien seruiteur, afin qu'il les portast à sa maison, il ne les voulut receuoir, parce qu'il s'en falloit quatre : Me leuant & m'adressant à luy, criant biẽ fort, ie luy dis par grand courroux:

Pourquoy

Pourquoy estes vous si mal conditionné : allez, allez, ne me venez point içy troubler;car la viãde que i'ay mãgee me fera plus mal que bien:Si c'est à faire pour cela,prenez tout ce que i'ay, vendez-le & vous payez. Et s'augmẽtant en moy la cholere , ie me leuay d'aupres de luy & entray en ma chambre. Comme il me veit si courroucee,il se leue,viẽt apres moy,& cõmence à m'amadoüer, & à me donner mille accollades & mille baisers : en fin nous demeurasmes amis, iurant neantmoins par sermẽt solennel qu'en iour de sa vie il ne presteroit piece de vaisselle,ny à moy,ny à autres. LAMIA. Ie t'ay desia dit que tu es des plus fines. LAIS. En prenant de nouueau vn autre pour amy, ie luy monstrois toute douceur, de maniere que tous ceux qui auoient parlé à moy la premiere fois, me loüoient iusques au Ciel, mais si tost qu'ils m'auoient essayee, ils me trouuoient au goust comme l'aluine. Et ainsi comme és commẽcemens ie mõstrois semblãt que les choses mal faictes me sembloient mauuaises, aussi monstrois-ie au milieu & à la fin que les bonnes me sembloient telles : pour-autant que suyuãt la maniere de faire d'vne vraye ramiere, ie prenois grande delectation à semer scandalles & faire querelles, mettre diuision entre amis, ouyr dire reproches & vilẽnies, esmouuoir combats, ne parlant que des plus grands, faisant iugement de l'Empereur, du grand Turc, & des Roys circonuoisins, traictant de la cherté du temps & de la richesse du Duc de Ferrare: donnant à entendre que les estoilles sont de la grandeur des rouës de charrettes, & non plus grandes, & que la Lune est sœur bastarde du Soleil. Et de là sautois au blason de mes armes & de mon lignage. Puis m'en retournois sur le rãg des Ducs, Cõtes & Marquis, & affermois que i'auois esté nourrie & esleuee en telle magnificẽce, dignité & hõneur qu'ils sont en tant de repos, & auec tel seruice, qu'au lict où ie couchois ne se mettoiẽt que coutils de soye. Et auec ces discours rendois mille folastres ententifs à m'escouter, prosternez à deux genoux, à mon seruice.

LAMIA. Ie ne te veux plus escouter. LAIS. Laisse acheuer mõ compte. Vne grand' Dame, ainsi qu'on dit, ne fait point telles parades & desbordemens pleins de vanité, & ne prend si hautains surnoms, que les gorrieres font, lesquelles publient qu'elles sont filles du Duc Valentin, autres du Cardinal Ascanio, & s'accoustrẽt de petits surnoms, De la Marche, de Croüy, de Melun, & se sentiroient desestimees de les porter moindres : & font incontinent courir le bruit qu'elles ont cognoissance, credit, ou parentage en tels & tels lieux, en la maison de Sauoye, en Haynault, & en la maison du Duc de Bauiere. Puis de voir aucunes cacheter leurs lettres auec grands & braues ſeaux, c'eſt vn plaiſir qui vaut trop d'argent. Et ne penſe point, ma ſœur, que les tiltres qu'elles meſmes ſe mettent, les facent de rien meilleures, pluſtoſt ſont elles tant deſpourueuës d'amour, de charité & de pitié : Que ſi S. Roch ou ſainct Antoine leur demandoit l'aumoſne, elles ne la leur voudroient donner, n'eſtoit la crainte qu'elles ont de receuoir quelque mal d'eux. LAMIA. Dieu me garde de telles femmes. LAIS. Certainemẽt il vaudroit mieux ietter ſon bien en la mer que le dõner à telles beſtes, & qui font autant de cas de toy, apres que tu leur as bien fait, comme elles faignoient te gratifier auant l'auoir de toy receu & merité. Au reſte elles ont vne ſeule bonne choſe, disent-elles, qui est maintenir la foy, & ce que ie puis croire, veu qu'en cela sont pires que diables. Et que la plusspart d'entre elles ont le miel en la bouche, & le rasoir ès mains. I'ay remarqué deux de ces pucelles, faignant les honnestes depuis les pieds iusques à la teste, puis en tournant le dos disoient choses telles qu'on s'estouppoit les aureilles. C'est vn singulier plaisir les ouyr caqueter de dire mal des hommes, quand elles sont ensemble en leur parquet : & cōme entrez vers elles, leurs font mille caresses, pourueu qu'ils entrent auec le pied droit, despendant largement, dy-ie, parce que le semblant de leur vouloir bien, durera autant comme les dons qu'on leur met en main. Et tout ainſi qu'elles laiſſent l'vn pour s'accointer de l'autre, qui ſera mieux emplumé, & que d'ailleurs elles aduantagent ceſtuy par ſus tous, diſant mille fois, & à toute heure, voſtre Seigneurie, & que ſorties de la maiſon font la cour aux autres qui viennent en conuerſation: auſſi au ſortir du logis donnent mille careſſes de la langue ſans profit. Adieu Lamia, LAMIA. Adieu Lays iuſques au reuoir.

Fin de l'Hiſtoire des amours faintes de Lais & Lamia.

LA VIEILLE COVR-TISANE DE IOACHIN du Bellay.

Ien que du mal duquel ie ſuis atteinte
Soit deſormais tardiue la complaincte,
Et qu'on ne doiue imputer à raiſon
Le repentir qui vient hors de ſaiſon:
Si me plaindray-ie, & de mon inconſtance
Renouuellant la vieille repentance,
(Quoy que promis i'euſſe de ne ſentir
D'oreſnauant vn autre repentir)
M'efforceray de ſoulager ma peine,
Par les ſouſpirs d'vne complaincte vaine.
Peut eſtre encor que de mon ſouſpirer
Quelqu'vn pourra quelque profit tirer,
Et que mon mal ſi bien on le contemple,
Aux moins ruſez pourra ſeruir d'exemple:
Recompenſant par ce nouueau bien-fait,
Si mieux ne puis, mon antique forfait.

Doncques afin de mieux faire cognoistre
Tout mon mal'heur: venant mon aage à croistre,
Plus que mon sans sur les douze ou treize ans,
Estant nourie aux delices plaisans,
Que peut gouster vne fille legere
Dessous la main d'vne impudique mere,
Pour me laisser dessus l'arbre vieillir,
Ma belle fleur ie la laissay cueillir,
Non à quelqu'vn dont on deust faire compte,
Et dont l'honneur peust amoindrir ma honte,
Mais à vn serf: vn serf eut ce bon-heur,
De triompher de mon premier honneur
Secrettement: car ma mere discrette
Sceut bien tenir l'entreprinse secrette.
Bien tost apres ie vins entre les mains
De deux ou trois gentils-hommes Romains,
Desquels ie fus aussi vierge renduë
Comme i'auois pour vierge esté venduë:
De main en main ie fus mise en auant
A cinq ou six, vierge comme deuant.
Depuis suiuant vne meilleure voye,
D'vn grand Prelat ie fus faite la proie
Qui cherement ma ieunesse acheta,
Comme pucelle & si bien me traita,
Que ie deuins, voire en bien peu d'espace,
Belle, en bon poinct, & de meilleure grace.

Deslors i'apprins à chanter & baller,
Toucher le luth & proprement parler.
Vestir mon corps d'accoustrement propice,
Et embellir mon tain par artifice:
Bref i'apprins lors sous bons enseignemens,
De mon sçauoir les premiers rudimens:
Car le Prelat duquel i'estoy l'amie,
Voire duquel i'estoy l'ame demie,
Le cœur, le tout n'auoit autre plaisir,
Que satisfaire à mon ieune desir.
Deux ou trois ans me dura cette vie,
Iusques à tant qu'il me print vne enuie
De la changer comme on voit bien souuent
Trop grand plaisir se conuertir en vent,
Et pour ne voir chose qui luy desplaise
L'esprit humain se fascher de son aise.
O combien mal conuient la maiesté
Auec l'amour rien que la liberté
Ne me failloit: mais defaillant icelle,
Me defailloit toute chose auec elle.
Ny les faueurs, ny les bons traitemens,
Chaines, anneaux, & riches vestemens,
De cent valets me voir estre honoree,
Et du Seigneur à peu pres adoree,
Estre nourrie en repos ocieux:
Bref s'il y a chose qui plaise mieux,

Quoy que lon feist ou dist pour me complaire,
Rien ne pouuoit à mon esprit satisfaire.
La liberté de pouuoir deuiser,
D'aller en masque & de se desguiser,
Siffler de nuict par vne ialousie,
Faire l'amour, viure à sa fantasie,
Sans esprouuer la fascheuse prison,
De ne pouuoir sortir de la maison
Sans vn valet, & sans congé d'vn maistre
N'oser monstrer le nez à la fenestre:
Ce seul desir mon esprit chatouilloit,
Ce seul ennuy mon repos trauailloit,
Et peu à peu d'vne lente tristesse
Décoloroit la fleur de ma ieunesse.
Ce que voyant celuy que ie seruoy
Pour se desfaire honnestement de moy,
Feit par sous main brasser vn mariage,
Non sans vanter mes biens & mon lignage,
Ma bonne grace & mon honnesteté,
Et par sur tout ma grande chasteté.
A ces appas se vint prendre vn ieune homme,
Qui peu rusé aux finesses de Romme,
Se tint heureux d'auoir tel bien trouué:
Mais quand il eut à sa honte esprouué
Ce que i'estoy, premierement il vse
De grans rigueurs: puis d'vne plus grand'ruse,

Dissimulant son courage odieux
Par beau parler, & par caresse d'yeux.
Ores priant, ores d'vne autre grace
A la priere adioustant la menace,
En peu de temps se gouuerna si bien,
Qu'il se feit maistre & du sien, & du mien.
Robbes, ioyaux, meubles, & autres choses,
Plus cherement en mes coffres encloses,
Argent content, argent à interest,
Tout fut leué sous ombre d'vn acquest.
Finablement se dressant vn voyage,
Mon bon espoux se met en equipage,
Se part de Rome, & sans parler à moy,
S'en alla rendre au seruice du Roy:
Où il mourut, & depuis n'ouis oncques
Parler de luy: en ce bel estat doncques,
Je demeuray sans faueur ne support,
Car mon Prelat de mal-heur, estoit mort:
Et ne m'estoit de toute ma richesse
Rien demeuré qu'vn petit de ieunesse.
Donques m'aidant de moy-mesme au besoin
Et reiettant toute vergoigne au loin,
Pouure boutique, & faite plus sçauante,
Vous mets si bien ma marchandise en vente,
Subtilement affinant les plus fins,
Qu'en peu de temps fameuse ie deuins,

Lors me voyant par Rome assez cogneuë,
Pour n'estre en reng d'esgaldrine tenue,
De deux ou trois à poste ie me mis,
Lesquels estoient mes plus fermes amis:
Et tous les mois me donnoient pour salaire
Vn chacun d'eux trente escus d'ordinaire.
Ie laisse icy à discourir comment,
Ie me sçauois gouuerner dextrement
Auecques eux, à l'vn faisant caresse,
A l'autre vsant de plus grande rudesse,
Selon que d'eux ie cognoissois le cœur
Se manier par douceur ou rigueur:
N'oubliant pas cette commune ruse,
De contenter de quelque maigre excuse,
Le mal content, & sans aimer aucun,
Donner à tous le martel en commun.
Par ce moyen chacun se pensant estre
Plus fauorit, pour demeurer le maistre,
Comme à l'enuy par presens achetoit
Ce qu'auoit moins, à qui plus luy coustoit.
C'estoit le bon quand pour donner licence
A l'vn des trois les deux faisoient instance:
Comme il aduient que pour chasser vn tiers,
Les autres deux s'accordent volontiers.
Lors ie disois ou que sa laide face,
Son poil rousseau, ou sa mauuaise grace,

Plus que la mort me faschoient, toutesfois
En le perdant que ie perdois vn mois.
Eux donc ayant de me demander honte
Vne faueur qui ne mettoit à compte,
Se contentoient, pour garder amitié,
D'y suppleer chacun pour la moitié.
Ainsi iamais n'amoindrissoit ma rente,
Et me restoit vne place vaquante,
Dont ie sçauois bien faire mon profit.
Aucunesfois ie prenois à credit
En leur presence, ou supposois des debtes,
Conclusion i'auois mille receptes,
Pour leur tirer les quatrins de la main.
Ores feignant de me faire nonnain,
Ores parlant de quelque mariage,
Ores de faire à Naples vn voyage,
Ou à Venise, ou en quelque autre lieu,
Et que bien tost ie leur dirois à dieu.
Aucunesfois ie me faisois enceinte,
Ou me faignois de quelque fieure atteinte,
Et ce que peut vn artifice tel,
Pour s'enrichir, ou pour donner martel.
Voylà comment ie traitois l'amy ferme,
Lequel iamais ne failloit à son terme:
Car les pendents & les bracelets d'or,
Les scoffions, & les chaines encor.

La vieille Courtisane

Gants parfumez, robbes & pianelles,
Garnels, bourrats, hamarres, caparelles,
Licts de parade, & carames dorez,
Sauons de Naple, & fards bien colorez,
Miroirs, tableaux où i'estois en peincture,
Masques, banquets, & coches de vecture,
Et s'il y a de consumer le bien,
Autres moyens, n'estoient comptez pour rien.
Que diray plus, i'auois mille pratiques:
Car tout cela qui s'achette aux boutiques,
Ne coustoit rien, & mesme le boucher
Le plus souuent estoit payé en chair:
Iusqu'aux faquins (si l'honneur me dispense
De dire ainsi) i'espargnoy la despense:
Car tout l'argent des honnestes amys,
Pour mettre en banque en reserue estoit mis.
I'auoy de plus quelque nuict la semaine,
Qui m'estoit franche: & lors ie mettois peine
De pratiquer quelque nouuelle amour,
Et ne passois inutile vn seul iour.
A cest effet ie tenois pour fantesque
Vne rusee & vieille Romanesque,
Qui descouurant quelque ieune emplumé,
Auant qu'il fust de mon fait informé,
Trouuoit moyen de faire l'entreprise
Secretement, & comme bien apprise,

N'oublioit pas de prendre auant la main,
Disant comment i'estoy de sang Romain,
Et que i'estoy femme d'vn gentilhomme,
Lequel pour lors estoit banny de Rome.
Voy-là comment ie traittois l'estranger:
Mais par sur tout ie croignois le danger
Des escroqueurs, ne me tenant mocquee,
Sinon alors que i'estoy escroquee:
Ce qui causoit que moins ie m'adressois
A l'Espagnol, qu'au liberal François,
Douce, courtoise, humaine, quant au reste:
Mais cependant fuyant plus que la peste,
Ces ieunes gens lesquels sans desbourser,
A tous propos pour beaux veulent passer,
Nous pensant bien payer d'vne gambade,
D'vne chanson, d'vn luth, ou d'vne aubade:
Ce qui nous trompe: & fait que bien souuent,
Nous nous trouuons les mains pleines de vent.
I'auois aussi vne soigneuse cure
De n'endurer sur mon corps vne ordure:
De boire peu, de manger sobrement,
De sentir bon, me tenir proprement,
Fust en public, ou fust dedans ma chambre:
Où l'eau de naffe, & la ciuette, & l'ambre,
Le linge blanc, le pennage euentant,
Et le sachet de poudre bien sentant

Ne manquoient point : sur tout ie prenoy garde
(Ruse commune à quiconque se farde)
Qu'on ne me peust surprendre le matin.
Bref tout cela qu'enseigne l'Aretin,
Ie le sçauoy : & sçauoy mettre en œuure
Tous les secrets que son liure descœuure :
Et d'abondant mille tours incognus,
Pour esueiller la dormante Venus.
I'estoy pourtant en mes propos honneste,
Et ne faisois à tout le monde feste,
Legerement carressant vn chacun :
I'auoy pour tous vn entretien commun,
Et de façons grauement asseurées,
Sçauoy fort bien encherir mes denrées.
De la vertu ie sçauoy deuiser,
Et me sçauoy tellement desguiser,
Que rien qu'honneur ne sortoit de ma bouche :
Sage au parler & follastre à la couche,
Aussi void-on qu'vn propos vicieux,
Plus que le vice est souuent odieux :
Et que rien tant que vertu n'est aimable :
Ou ce qui est à la vertu semblable.
Chacun se flatte en son affection,
Où il cognoist quelque perfection :
Et ne peut bien la Dame estre estimee,
Que lon cognoist indigne d'estre aimee.

Tant la vertu plaist en celles qui l'ont,
Sinon au cœur, pour le moins sur le front.
Par tels moyens i'acquis faueur en Romme,
Et ne se fust estimé galant homme,
Qui n'eust eu bruit de me faire l'amour.
Au demeurant, fust de nuict ou de iour,
Ie ne craignois d'aller sans ma patente,
Car i'estois franché, & de tribut exempte,
Ie n'auois peur d'vn gouuerneur fascheux,
D'vn Barisel, d'vn Sbire outrageux
Ny qu'en prison on retint ma personne
En cour Sauelle, ou bien en tour de Nonne:
N'ayant iamais faute de la faueur,
D'vn Cardinal, ou autre grand seigneur,
Dont on veoit ma maison frequentee:
Ce qui faisoit que i'estoy respectee,
Et que chacun craignoit de me fascher,
Voyant pour moy les plus grands s'empescher.
Six ou sept ans ie feis ce beau mesnage:
Ayant passé le meilleur de mon aage
En ces plaisirs (si plaisir faut nommer,
Vn peu de doux meslé de tant d'amer)
Car quel plaisir, helas, me pouuoit estre,
Bien que ie prinssè à dextre & à senestre,
D'auoir soubmis mes membres eshontés
A l'appetit de tant de volontés?

Et d'imiter le viure d'vne beste,
Pour m'enrichir par vn gaing deshonneste?
Et d'endurer d'vn amant furieux
Mille desdaings, & mots iniurieux?
De supporter vne aisselle suante,
Vn nez punais, vne bouche puante,
Vne sottise, & perdre à tous propos
Pour vn martel, & repas & repos?
Outre la peur (geine perpetuelle)
D'vne verolle, ou d'vne pellarelle,
Et tout cela, dont se trouue heritier,
Qui longuement exerce tel mestier.
Car quant au soing où chacune se fonde,
De se farder de se faire la blonde,
De se friser, de corriger l'odeur,
Serrer la peau, rechauffer la froideur,
Ie n'en dy rien, pour estre telle peine
Commune encor' à la dame Romaine.
O bien-heureuse & trois & quatre fois,
Qui n'est suiette à si penibles loix.
Ce fut pourquoy vne semaine saincte,
Estant pour lors ma conscience atteinte
D'vn sainct remors, que quelque bon demon
Me feit sentir au milieu d'vn sermon,
Sans y penser soudain ie me dispose
Faire de moy vne metamorphose.

Et de changer mon lascif vestement
En vn deuot & sainct accoustrement:
Ce que ie fis, & deuins conuertie,
Donnant deslors vne grande partie
De mes thresors à la religion:
Où tost apres changeant d'opinion,
Ie me trouuay à ma partie rangee,
Et plus d'habit que de vouloir changee.
  Donc inhabile au seruice de Dieu,
I'abandonnay de bonne heure le lieu:
Et retournant d'où ie m'estois partie,
Me repenty de m'estre repentie.
Ainsi tournee à mon premier mestier
Pour regaigner tout cela qu'au moustier
I'auoy laissé, i'ouure l'escolle au vice,
Et commençay d'vn plus grand artifice
Qu'au parauant, à dresser mes appas,
Et retenter les amoureux combats,
Où ie r'acquis d'vn vtile dommage
Tout le perdu, & beaucoup d'auantage.
  Adonc ie vins en reputation,
Et prins deslors telle presumption,
De grands seigneurs me voyant courtisee,
Que mon mespris me rendit mesprisee,
Ie tais icy pour mon premier bonheur,
Du trente & vn le fameux deshonneur.

Et supposé au lieu d'vn gentilhomme
Dedans mon lict l'executeur de Romme:
Qui ce plaisir deuant cent & cent yeux
Recompensa du foüet iniurieux.
Ie tais encor' la verolle gouteuse,
La dent erelle, & pallade honteuse,
Et mon visage en tant de lieux frizé,
Que mille fards ne l'eussent desguisé.
J'auois pourtant encor' bonne practique,
Et pour cela ne fermay la boutique:
Car le renom de mon credit passé,
Et les thresors que i'auois amassé,
M'entretenoient: & puis ma bonne grace
Recompensoit d'vne si braue audace
Ce que les ans de beau m'auoient osté,
Que mon automne on prenoit pour esté.
I'auois au lict cent mille gaillardises,
Mille bons mots, & mille mignardises:
De bien baller on me donnoit le pris,
I'auoy du luth moyennement appris,
Et quelque peu entendoy la musique:
Quant à la voix, ie l'auois angelique,
Et ne se fust, nul autre peu vanter
De sçauoir mieux le Petrarque chanter.
Au demeurant, i'auois la main diuine,
Fust sur la toille, ou fust sur l'estamine:

Et volontiers y emploioy le temps,
Quand ie n'auoy vn meilleur passetemps,
Aucunefois en accoustrement d'homme,
Ie passageoy pompeusement par Rome
Sur vn cheual de mesme enharnaché,
Et le pennache à la guelphe attaché,
Ne ne monstrois moins superbe & vaillante,
Qu'vne Marphise, ou vne Bradamante.
Bref ie sçauoy de toute chose vn peu,
Et n'estoy pas ignorante du ieu,
Fust aux eschets, ou fust à la premiere:
Où ie n'estois de perdre coustumiere,
Iouant tousiours à moitié pour celuy
Qui ne prenoit que la perte pour luy.
Aucunefois n'estant de la partie,
I'estoy si bien de mon faict aduertie,
Qu'autant de fois qu'vne reste on gaignoit,
Autant de fois la manche on me donnoit.
Aucunefois ne m'estant aggreable
Quelque ioyau, d'vne vsure honorable
A cinq ou six ie le faisois payer,
Et leur baillois à la reste à iouer.
Voyla comment par cent moyens honnestes
Ie recueillois la laine de mes bestes:
Donc ie tondois les vnes quelquefois,
Et quelquefois les autres escorchois:

Vſant par tout de ſi grand artifice,
Que ſans monſtrer vn ſeul poinct d'auarice,
Ceux là, dont plus de preſens i'auoy pris
Se reputoient eſtre plus fauoris.
Ma maiſon donc, moins que iamais deſerte,
Eſtoit quaſi comme vne eſcolle ouuerte
D'honneſteté, où il falloit venir,
Pour bien ſçauoir Dames entretenir.
Là ſe diſoient mille bons mots pour rire,
Là les plus ſots s'efforçoient de mieux dire,
Comme à l'enuy, & le ſoir & matin
Se rapportoit toute choſe au butin.
S'il ſe faiſoit quelque aſſemblee honneſte,
Quoy que ce fuſt i'eſtoy touſiours de feſte:
Et n'euſt eſté le banquet bien fourny
Qui de tels mets euſt eſté deſgarny,
Ie me trouuois de ducats pluſieurs milles,
Qui ne m'eſtoient en vn coffre inutiles.
I'auois meublé vne belle maiſon,
Et richement, & ſelon la ſaiſon:
Et ſur la porte auois mis pour deuiſe
La pluye d'or de la fille d'Acriſe:
Voulant par là honneſtement monſtrer
Que par l'or ſeul on y pouuoit entrer.
Heureuſe, las, heureuſe & trop heureuſe,
Si Cupidon de ſa torche amoureuſe,

Pour chastier cent mille indignitez
De tant d'amans, que i'auois mal traictez,
N'eust allumé dans mes froides moüelles
Le feu vengeur de ses flammes cruelles:
Me contraignant d'aymer plus que mes yeux,
Plus que mon cœur, vn ieune audacieux,
Qui d'autant plus que d'vne humble caresse
Ie m'efforçois d'amollir sa rudesse,
Plus me fuyoit, & se paissoit, cruel,
De mon tourment & pleur continuel.
  Las quantes fois ialousement malade,
Courant par tout, ainsi qu'vne Menade,
Ay-ie suiuy sans crainte du mocqueur
Cet inhumain, qui m'emportoit le cœur.
Las quantesfois, au lieu d'estre endormie,
Le pensant estre és bræs d'vne autre amie,
Nuds pieds, nud chef, au temps des lõgues nuits,
Ay-ie rompu & fenestres & huis,
Iniuriant de mille outrages celle
Qui receloit mon ennemy chez elle.
Las quantesfois suis-ie allee au deuin,
Et quantesfois aux sorcieres, afin
De retenir par liens & par charmes
Cet obstiné vainqueur de telles armes.
  Le poil au chef me herissoit d'horreur,
Me souuenant de ce que la fureur

Me faisoit faire : ores d'vn cimetere,
Tirant de nuict quelque ombre solitere,
Ores au Ciel la Lune ensanglantant,
Ores le cours des fleuues arrestant.
Les vers sacrez, les celestes augures,
Les points couplez, les magiques figures,
Les saints fuseaux, les noms ensorcelez,
Les os des morts, & les lauriers bruslez :
Ce que du front des poulains on attire,
Les yeux du loup, les images de cire,
Les nœuds charmez, & le nombre de trois,
Auec le mal, qu'on appelle des mois :
Bref, tout cela que peut telle science,
(Et tout en vain) i'en fers l'experience.
Ce n'est pas tout, les presens amoureux,
Et tout le bien, que mes ans plus heureux
M'auoient acquis auec peine infinie,
Vignes, maisons, argent à compagnie,
En moins d'vn an tout cela fut vendu,
Et en banquets & presens despendu
Pour cet ingrat, ingrat, ingratissime,
Lequel tenoit de mes pensers la cyme,
Puis me planta voyant tout consumé
Ce qu'il auoit tant seulement aymé.
Et puis voicy, pour m'acheuer de peindre,
Celle que plus les Dames doiuent creindre,

Sur vn baston marchant à pas comptez:
Dame Vieilleſſe aux cheueux argentez:
Qui rauiſſant d'vne main larronneſſe
Ce qui eſtoit encor' de ma ieuneſſe,
Ne m'a laiſſé que la grauelle aux reins,
La goutte aux pieds, & les galles aux mains,
La toux aux flancs, la micraine à le teſte,
Et à l'aureille vne ſourde tempeſte.
De ce beau chef tout l'honneur eſt eſteint,
Ce beau viſage a changé ſon beau teint
En teint de mort: & ceſte bouche bleſme,
Deſſus ſes bords a peinte la mort meſme.
Ces deux beaux yeux, iadis flãbeaux d'amour,
Se ſont cachez de peur de voir le iour,
Et pour pleurer leurs fautes, & leurs peines
Sont de flambeaux conuertis en fonteines.
Ie ne puis plus ny ſentir ny gouſter,
Plus ne me plaiſt les doux ſons eſcouter,
Le ſens me faut, & l'eſprit qui me laiſſe,
Plus que le corps ſe ſent de la vieilleſſe.
I'ay oublié tout cela qu'autrefois
I'auois apprins, du Luth & de la voix,
I'ay oublié tous mes bons mots pour rire,
Ie ne ſçay plus que me plaindre & meſdire,
Ie ne ſçay plus que touſſer & cracher,
Faſcher autruy, & d'autruy me faſcher.

La vieille Courtisane

Quant au mestier dont il faut que ie viue,
C'est de filer, ou lauer la lessiue,
Faire trafiq de quelques vieux drappeaux,
Composer fards, contrefaire des eaux,
Vendre des fruicts, des herbes, des chandelles
Aux iours de feste, & crier les chambelles.
Voyla l'estat où ie gaigne mon pain,
Pour ma vieillesse armer contre la faim,
Et pour payer vne chambre locande,
Ce qui est or' ma despense plus grande.
Au demeurant ie ne discours icy
Par le menu le chagrin, le soucy,
Et le soupçon, que la vieillesse cache,
Dedans son sein: le mal qui plus me fasche,
Et qui me fait cent fois le iour perir,
C'est de vouloir & ne pouuoir mourir.
O que ie suis differente de celle
Que i'estois lors, quand ieune, riche & belle,
Vn escadron i'auoy de tous costez
De courtisans pompeusement montez,
M'accompagnans ainsi qu'vne Princesse,
Fust au matin, quand i'allois à la messe,
Ou fust au soir, alors qu'il me plaisoit
De me trouuer où le bal se faisoit.
Las! maintenant vn chacun me desdaigne,
Et seulement pauureté m'accompagne:

Ceux que iadis desdaigner ie souloy,
M'appellent vieille, & se mocquent de moy:
Et ceux dont plus i'estoy fauorisee,
Sifflent sur moy d'vne longue risee,
Se vergongnans de m'auoir voulu bien,
Pour rien en moy ne cognoistre du mien.
Iusques icy a couru ma fortune,
Selon le temps, aduerse ou opportune.
Mais, ô chetiue! encor' n'est-ce le poinct
Qui plus au vif le courage me point:
Le seul obiect de ma complainte amere
C'est, c'est l'ennuy de me voir pauure, & mere,
Non d'vn qui soit d'aage pour se nourrir,
Ou qui me puisse au besoin secourir,
Mais d'vne fille encor' ieune & debile,
Qui sur les bras m'est en charge inutile,
Et sera, las! si cet astre inhumain
Regne long temps sur le climat Romain.
I'ay veu Leon, delices de son aage,
I'ay veu Clement de ce mesme lignage.
I'ay veu encor' ce bon Paule ancien,
Premier honneur du sang Farnesien:
Apres cestuy i'ay veu Iules troisiéme,
Ores ie voy le grand Paul quatriéme.
De tous ceux-là ie me doy contenter,
De cestui-cy ie me veux lamenter,

La vieille Courtisane

Pour auoir mis d'vne loy rigoureuse
Dessous les pieds la franchise amoureuse,
Abolissant d'vn edict defendeur
Ce qui estoit de Rome la grandeur.
Car si de ceux que Rome plus honore,
De courtisans, & des autres encore
On veut ainsi les plaisirs limiter,
Quels estrangers y viendront habiter?
Tous s'enfuiront, ou pour dernier remede
Exerceront l'amour de Ganimede,
Ou sans cela ne sont que trop appris
Ceux qui ont loy de n'estre point repris.
O temps! ô mœurs! ô malheureuse annee!
O triste regne! ô Rome infortunee!
N'estoit-ce assez que le discord mutin
T'eust fait du monde vn publique butin,
Et d'auoir veu sur ta riue Latine
Si longuement la guerre & la famine,
Si malheureuse encor tu ne perdois
La liberté : liberté que tu dois
Plus regretter, que tes palais antiques,
Dont nous voyons tes poudreuses reliques.
Fille qui m'es plus chere que mes yeux,
Helas pourquoy t'ont fait naistre les cieux
Sous vn tel siecle? ou pourquoy si durable
Ay-ie vescu, pour te voir miserable?
Helas faut-il que ce beau chef doré,

Ces deux beaux yeux, ce pourpre coloré,
Ce front, ce nez, ceste bouche diuine,
Et ce beau corps qui des Dieux estoit digne,
Soit le butin non point d'vn courtisan,
Mais d'vn faquin, ou d'vn pauure artisan?
Pour cela donc d'vne main si soigneuse
T'ay-ie esleuee: ô fille malheureuse,
Si tu deuois par telle indignité
Perdre la fleur de ta virginité.
Estoit-ce là ceste belle ieunesse
Dont ie faisois mon baston de vieillesse?
Estoit-ce ainsi que mes trauaux passez
Deuoient vn iour estre recompensez?
O ciel cruel, estoilles coniurees,
N'auois-ie assez de peines endurees,
Si en ma fille, en cet aage où ie suis,
Ie ne voyois renaistre mes ennuis?
Ie n'en puis plus, & mes pleurs qui s'espandēt,
A grands ruisseaux, le parler me defendent:
Doncques priant ceux là qui m'esliront,
Et de mes pleurs (peut estre) se riront,
De m'excuser, si par trop de langage
(Vice commun à celles de mon aage)
I'ay discouru & mon mal & mon bien,
Ie feray fin: que peusse-ie aussi bien,
Pour n'estre plus à ces maux asseruie,
Comme à mes pleurs, mettre fin à ma vie.

FIN.

www.ingramcontent.com/pod-product-compliance
Ingram Content Group UK Ltd.
Pitfield, Milton Keynes, MK11 3LW, UK
UKHW020554180726
13838UKWH00001B/236